Aphrodite and Kore Kosmu

Hermes Trismegistus

Kessinger Publishing's Rare Reprints

Thousands of Scarce and Hard-to-Find Books on These and other Subjects!

- Americana
- Ancient Mysteries
- Animals
- Anthropology
- Architecture
- Arts
- Astrology
- Bibliographies
- Biographies & Memoirs
- Body, Mind & Spirit
- Business & Investing
- Children & Young Adult
- Collectibles
- Comparative Religions
- Crafts & Hobbies
- Earth Sciences
- Education
- Ephemera
- Fiction
- Folklore
- Geography
- Health & Diet
- History
- Hobbies & Leisure
- Humor
- Illustrated Books
- Language & Culture
- Law
- Life Sciences
- Literature
- Medicine & Pharmacy
- Metaphysical
- Music
- Mystery & Crime
- Mythology
- Natural History
- Outdoor & Nature
- Philosophy
- Poetry
- Political Science
- Science
- Psychiatry & Psychology
- Reference
- Religion & Spiritualism
- Rhetoric
- Sacred Books
- Science Fiction
- Science & Technology
- Self-Help
- Social Sciences
- Symbolism
- Theatre & Drama
- Theology
- Travel & Explorations
- War & Military
- Women
- Yoga
- *Plus Much More!*

We kindly invite you to view our catalog list at:
http://www.kessinger.net

. . . of the gods apprehensible by sense ; and these gods are 2
images of the gods apprehensible only by thought. The Sun,
for instance, is an image of the Maker who is above the heavens ;
for even as that supreme Maker made the whole universe, so the
Sun makes the animals and the plants.

EXCERPT XXII

From the discourse of Hermes which is entitled APHRODITE.

How does it come about that children resemble their
parents . . . ?[1] I will explain this. When . . . stores up[2] *semen*
that is foamed forth from productive blood, it comes to pass that
there is exhaled from the whole body a certain substance[3] . . .
by[4] the working of a divine force, inasmuch as it is a human
being that is being brought into existence.[5] And it is to be
presumed that the same thing takes place in the case of the
woman also. When then the efflux from the man is prepotent,
and its vigour is not impaired, the child that is produced will
be like its father; and in the same way, if the conditions are
reversed, the child will be like its mother. And if there is such
a prepotency in respect of some part of the body, the child comes
to resemble the father or the mother in that part. . . . and
sometimes even to remote generations. . . . to compare the child
with the form of its father. . . . of that Decanus who had to do
with the hour in which the woman was bearing[6] the child.

[1] Perhaps, ' or (resemble) certain others of their kin '.
[2] Perhaps, ' When nature (operating in the father's body) stores up ', &c.
[3] Viz. the ' vital spirit' which is the living and active ingredient in the *semen*.
[4] Perhaps, ' and this substance is vitalized by ', &c.
[5] This seems to imply that in the case of the lower animals there is no such
intervention of a divine force.   [6] Or ' conceiving'?

EXCERPTUM XXIII

Stobaeus 1. 49. 44, vol. i, p. 385 Wachsmuth (*Ecl.* I. 926 Heeren).

Ἑρμοῦ τρισμεγίστου ἐκ τῆς ἱερᾶς βίβλου ⟨τῆς⟩ ἐπικαλουμένης Κόρης κόσμου.

32 ⟨⟨Πρόσεχε, τέκνον Ὧρε· κρυπτῆς γὰρ ἐπακούεις θεωρίας, ἧς ὁ μὲν προπάτωρ Καμῆφις ⟨ἦν ἀρχηγέτης, Ἑρμῆς δὲ⟩ ⟨⟨παρὰ τοῦ πάντων προγενεστέρου Καμήφεως⟩⟩ ἔτυχεν ἐπακούσας, ⟨ἐγὼ δὲ⟩ παρὰ Ἑρμοῦ τοῦ [πάντων ἔργων] ὑπομνηματογράφου [[παρὰ τοῦ πάντων προγενεστέρου Καμήφεως]], ὁπότ' ἐμὲ καὶ ⌜τῷ τελείῳ μέλανι ἐτίμησε⌝, νῦν δὲ αὐτὸς σὺ παρ' ἐμοῦ.—⟩⟩

1 ταῦτα εἰποῦσα Ἶσις ἐγχεῖ π(ρ)ῶτον Ὧρῳ γλυκύ[ν] τι 10 π[ρ]οτὸν ἀμβροσίας, ὃ αἱ ψυχαὶ λαμβάνειν ἔθος ἔχουσιν ⌜θεῶν⌝, καὶ οὕτως τοῦ ἱερωτάτου λόγου ἄρχεται [Ἶσις].

2 Ἐπικειμένου, τέκνον Ὧρε, τῇ τῶν ὑπο⟨κάτω⟩ [κειμένων] φύσει πάσῃ τοῦ πολυστέφους οὐρανοῦ, ⌜καὶ κατ' οὐδένα τόπον στερουμένου τινὸς ὧν νῦν ὁ σύμπας ἔχει κόσμος⌝, 15 ἀνάγκη πᾶσα ὑπὸ τῶν ὑπερκειμένων συγκεκοσμῆσθαι καὶ πεπληρῶσθαι φύσιν πᾶσαν τὴν ὑποκειμένην· οὐ γὰρ δήπου δυνατὰ ⟨⟨τὰ κάτω⟩⟩ κοσμῆσαι [[τὰ κάτω]] τὸν ὕπερθεν [δια]κόσμον. ἀνάγκη τοίνυν τοῖς κρείττοσι μυστηρίοις εἴκειν τὰ ἐλάσσονα· κρείσσων δὲ τῶν ὑποκειμένων ἡ τῶν μετεώρων 20 ἐστὶ [δια]τάξις, καὶ τῷ παντὶ ἀσφαλής [τε], καὶ θνητῶν οὐχ ὑποπίπτουσα διανοίᾳ.

    *   *   *   *   *

1 τῆς (post βίβλου) add. Gaisford   3–9 § 32 (Πρόσεχε, τέκνον ... παρ' ἐμοῦ) huc transposui   3 Fortasse ἐπακούσεις   6 ἐγὼ δὲ ante παρὰ Ἑρμοῦ addidi (ἐγὼ δὲ ante παρὰ τοῦ ... Καμήφεως add. Canter)   8 Fortasse τῷ τέλει (τ)ῷ ⌜μέλανι⌝ (μεγάλῳ?) ἐτέλεσε, vel τῇ τελετῇ τῇ ⌜μελαίνῃ⌝ (μεγάλῃ?) ἐτέλεσε   10 Ἶσις om. P   10–11 ἐγχεῖ πρῶτον Ὧρῳ γλυκύ τι ποτὸν scripsi : ἐγχεῖ ποτὸν Ὧρῳ γλυκὺν (γλυκὺ Heeren) τὸ πρῶτον codd.   11 ὃ codd. : fortasse οἷον | Fortasse αἱ ⟨μακάριαι⟩ ψυχαὶ   12 θεῶν codd. : ⟨ἀπὸ⟩ θεῶν Patrit. : delendum? An scribendum ⟨μετὰ τῶν⟩ θεῶν ⟨διάγουσαι⟩ vel simile aliquid? | Ἶσις del. Heeren   13 ὑποκάτω scripsi : ὑποκειμένων codd.   14–15 Fortasse καὶ τοῦ σύμπαντος κόσμου κατ' οὐδένα τόπον στερουμένου τινὸς ὧν χρείαν ἔχει vel simile quid   15 στερομένου P   18 Fortasse ⟨συγ⟩κοσμῆσαι | τὸν ὕπερθεν F : τῶν ὕπερθεν P   19 κόσμον scripsi : διάκοσμον codd. | μυστηρίους delendum?   20 δὲ Patrit. : δὴ F : δεῖ P   21 τάξις scripsi : διάταξις codd.   21–22 Fortasse [καὶ] τῷ παντὶ ἀσφαλὴς [τε] ⟨οὖσα⟩, καὶ θανάτῳ οὐχ ὑποπίπτουσα [διανοίᾳ]

EXCERPT XXIII

From the holy book of Hermes Trismegistus which is entitled KORE KOSMU.[1]

Isis. Give heed, my son Horus; for you shall hear secret **32** doctrine, of which our forefather Kamephis was the first teacher. It so befell that Hermes heard this teaching from Kamephis, the eldest of all our race; I heard it from Hermes the writer of records, at the time when he . . . ;[2] and you shall hear it now from me.—

Having thus spoken, Isis first poured forth for Horus a sweet **1** draught of ambrosia, such a draught as the souls are wont to receive . . . ;[3] and thereupon she thus began her most holy discourse :

Inasmuch as heaven with its many circles, my son Horus, **2** is placed above all the world of things below, . . . ,[4] it must be that all the world which lies below has been set in order and filled with contents by the things which are placed above;[5] for the things below have not power to set in order the world above. The weaker mysteries[6] then must yield to the stronger; and the system of things on high is stronger than the things below, and is wholly steadfast, and cannot be apprehended by the thoughts of mortal men.[7]

*   *   *   *   *

---

[1] I. e. 'the Eye-pupil of the Universe'.

[2] Perhaps, ' when he initiated me in the Black (?) Rites ' (or possibly, ' in the great rites ').

[3] Perhaps, ' such as are the draughts which souls in bliss are wont to receive when they dwell among the gods '.

[4] Perhaps, ' and the whole universe is not in any of its regions deprived of (i. e. left unprovided with) any of the things it needs '.

[5] I. e. we see that the terrestrial world is organized, and filled with living beings; and this must have been done by the celestial gods.

[6] ' Mysteries' seems here to mean supernatural powers or forces. But it might perhaps be better to write ' the weaker things '.

[7] Perhaps, ' is stronger than the things below, inasmuch as it is secure from disturbance and not subject to death '.

3 ἔνθεν ἐστέναζον ⌜τὰ κάτω⌝ φόβον ἔχοντες, ⟨. . .⟩ τὴν περικαλλῆ
⟨. . .⟩ καὶ εἰς ἀεὶ διαμονὴν τῶν ἐπικειμένων. ⌜ἦν γὰρ ἄξιον θεωρίας ὁμοῦ
καὶ ἀγωνίας⌝ ὁρᾶν οὐρανοῦ κάλλος [[θεῷ]] ⟨ἡλίῳ⟩ καταφωτιζομένου [[τῷ
ἔτι ἀγνώστῳ]], ⟨παρα⟩πλησίαν τε νυκτὸς σεμνότητα, ἐλάττονι μὲν ἡλίου
ὀξεῖ δὲ πυρφορουμένης φωτί, τῶν [τε] ἄλλων κατὰ μέρος κινουμένων ἐν 5
οὐρανῷ μυστηρίων τακταῖς [[χρόνων]] κινήσεσι καὶ ⟨⟨χρόνων⟩⟩ περιόδοις,
διά ⟨τέ⟩ τινων κρυπτῶν ἀπορροιῶν τὰ κάτω συγκοσμούντων καὶ συν-
αυξόντων. καὶ οὕτως ⟨ἐγένοντο⟩ φόβοι μὲν ἐπάλληλοι, ζητήσεις δὲ
ἄληκτοι.

4 καὶ ἕως ⟨μὲν⟩ ὁ τῶν συμπάντων οὐκ ἐβούλετο τεχνίτης ⟨γνωσθῆναι⟩, 10
ἀγνωσία κατεῖχε τὰ ξύμπαντα· ὅτε δὲ ἔκρινεν αὐτὸν ὅστις ἐστὶ
δηλῶσαι, ἔρωτα[ς] ἐνεφ[ο]ύσησε θε⟨ί⟩οις ⟨τισὶν ἀνθρώποις⟩, καὶ αὐγὴν
ἣ⟨ς⟩ εἶχον ἐν στέρνοις πλείονα ταῖς τούτων ἐχαρίσατο διανοίαις, ἵνα
⟨⟨θεὸν⟩⟩ ⟨⟨τὸν ἔτι ἄγνωστον⟩⟩ πρῶτον μὲν ζητεῖν θελήσωσιν, εἶτα ⟨δὲ

5 καὶ⟩ [ἐπιθυμήσωσιν] εὑρεῖν [εἶτα καὶ κατορθῶσαι] δυνηθῶσι. τοῦτο δ' 15
[ἂν], ὦ τέκνον ἀξιοθαύμαστον Ὥρε, οὐκ ἂν ⟨ἦν⟩ ἐπὶ θνητῇ σπορᾷ, ⟨εἰ μὴ⟩
ἐγεγόνει [οὐδὲ γὰρ ἦν οὐδέπω] ψυχῇ[ς δὲ τὴν] συμπάθειαν ἔχουσα[ς]
τοῖς οὐρανοῦ μυστηρίοις. τ⟨οι⟩οῦτο⟨ς⟩ δὲ ἦν ὁ πάντα ⟨γ⟩νοὺς Ἑρμῆς·
ὃς καὶ εἶδε τὰ σύμπαντα, καὶ ἰδὼν κατενόησε, καὶ κατανοήσας ἴσχυσε
δηλῶσαι [τε καὶ δεῖξαι]. ⟨. . .⟩ καὶ γὰρ ἃ ἐνόησεν ἐχάραξε, καὶ 20
χαράξας ἔκρυψε⟨ν⟩ ⟨⟨ἀσφαλῶς⟩⟩, τὰ πλεῖστα σιγήσας [[ἀσφαλῶς]] [ἢ
λαλήσας], ἵνα ζητῇ ταῦτα πᾶς αἰὼν ὁ μεταγενέστερος κόσμου.

6 καὶ οὗτος ⟨μέν⟩, τοὺς συγγενεῖς θεοὺς δορυφορεῖν ⟨προσταχθείς⟩,
ἀνέβαινεν εἰς ἄστρα· ἀλλ' ἦν αὐτῷ διάδοχος ὁ Τάτ, υἱὸς ὁμοῦ ⟨⟨τούτου⟩⟩
καὶ παραλήπτωρ τῶν μαθημάτων [[τούτων]], οὐκ εἰς μακρὰν δὲ καὶ 25
Ἀσκληπιὸς ὁ ⟨καὶ⟩ Ἰμούθης, ὁ Π⟨τ⟩ανὸς ⟨τοῦ⟩ καὶ Ἡφαίστου [βουλαῖς],
ἄλλοι τε ὅσοι ⟨τὰ⟩ τῆς οὐρανίου θεωρίας π⟨λε⟩ίστη ἀκριβείᾳ ἔμελλον

1 Fortasse ⟨⟨καὶ ἄγνωστα [μὲν] ἦν κατ' ἀρχὰς πάντα πᾶσι ⟨τοῖς ἀνθρώποις⟩ ⟩⟩·
ἔνθεν ἐστέναζον κ.τ.λ. (vide § 53 init.) | ἐστέναζον . . . φόβον ἔχοντες
scripsi : ἐστέναξε . . . φόβον ἔχοντα codd.   1–3 Fortasse ⟨ἅμα δ' ἐθαύμαζον⟩
τὴν περικαλλῆ ⟨τάξιν ⟨vel ἁρμονίαν⟩⟩ [ ] τῶν ἐπικειμένων,—ἦν γὰρ ἄξιον
θεωρίας [ ],—ὁρῶντες οὐρανοῦ κάλλος κ.τ.λ.   3–4 θεῷ et τῷ ἔτι ἀγνώστῳ
hinc ad § 4 transposui   3 καταφωτιζομένου scripsi : καταφανταζόμενον codd.
4 παραπλησίαν scripsi : πλουσίαν codd.   5 πυρφορουμένης scripsi : προσφορου-
μένην codd.   7 ἀπορριῶν P | κοσμούντων P   8 οὕτως ἐγένοντο φόβοι
μὲν ἐπάλληλοι scripsi : οὗτος φόβος μὲν ἐπάλληλος codd. | δὲ scripsi : τε
codd.   9 ἄληκτοι P² : ἄδεκτοι FP¹   12 ἔρωτα scripsi : ἔρωτας codd.
Fortasse ἔρωτα σ⟨οφίας⟩ | ἐνεφύσησε scripsi (posset scribi etiam ἐνέπνευσε) :
ἐνεθουσίασε codd. | θείοις τισὶν ἀνθρώποις scripsi : θεοῖς codd. | αὐγὴν
Canter : αὐτὴν FP   13 ἧς εἶχον scripsi : ἣ εἶχεν codd.   14 θεὸν τὸν ἔτι
ἄγνωστον addidi (vide § 3)   16 ἂν (ante ὦ) om. Patrit.   16–17 οὐκ ἂν ἦν
ἐπὶ θνητῇ σπορᾷ, εἰ μὴ ἐγεγόνει scripsi : οὐκ ἂν ἐπὶ θνητῆς σπορᾶς ἐγεγόνει codd.
17 ψυχῇ συμπάθειαν ἔχουσα scripsi : ψυχῆς δὲ τὴν συμπάθειαν ἐχούσης codd.

Thereupon[1] men moaned, being afraid, . . . the beautiful . . . and everlasting [3] duration of the things above. For it was . . . to see the beauty of the sky[2] when it was flooded with light by the Sun, and the well-nigh equal majesty of the night, torch-lit with light less than the Sun's, yet bright, when in their turn the other holy Powers[3] moved along their paths in heaven with ordered movements in fixed periods of time, and by certain secret effluences wrought order and growth in the things below. And thus arose fears upon fears, and ceaseless questionings.

And as long as the Craftsman who made the universe willed not to be [4] known, all was wrapped in ignorance. But when he determined to reveal himself, he breathed into certain godlike men a passionate desire to know him, and bestowed on their minds a radiance ampler than that which they already had within their breasts, that so they might first will to seek the yet unknown God, and then have power to find him. But this, Horus my [5] wondrous son, it would not have been possible for men of mortal breed to do, if there had not arisen one whose soul was responsive to the influence of the holy Powers of heaven. And such a man was Hermes, he who won knowledge of all. Hermes saw all things, and understood what he saw, and had power to explain to others what he understood. . . .[4] for what he had discovered he inscribed on tablets, and hid securely what he had inscribed, leaving the larger part untold, that all later ages of the world might seek it.

And Hermes, having been bidden to attend on the gods to whom he was [6] akin,[5] was about to ascend to the stars; but to him succeeded Tat, who was his son, and therewith inheritor of the knowledge which Hermes had acquired; and not long after, Asclepius, also named Imuthes, the son of Ptah, who is also named Hephaistos, and all those other men who, by the will of that Providence which reigns over all, were destined to search out with the utmost

[1] This passage (§§ 3–8) is inconsistent both with the introductory passage which precedes it (§§ 32, 1, 2) and with the narrative which follows (§§ 9–70), and must have originally belonged to a different document.
There is reason to suspect that the preceding passage also (§§ 32, 1, 2) did not form part of the *libellus* which contained §§ 9–70, but was the beginning of another *libellus*, all the rest of which is lost.
[2] Perhaps, '⟨In the beginning, all was unknown to all men;⟩ wherefore they moaned in fear. But at the same time they marvelled at the beauteous order of the things above (for it was a sight well worth their contemplation), when they saw the beauty of the sky ', &c.
[3] I. e. the moon and stars.
[4] Perhaps, '⟨Yet he did not make the truth known without reserve⟩'.
[5] I. e. having been told by the gods that he must now die and go to heaven.

---

18 τοιοῦτος scripsi : τοῦτο codd. | γνοὺς P²; νοῦς FP¹   20 τε om. P
| Fortasse ⟨οὐ μὴν οὐδ' ἀπερισκέπτως ἔδειξε⟩ vel simile quid   22 κόσμου
secludendum ?   23 οὗτος scripsi : οὗτως codd.   24 ἀνέβενεν P¹
25 τούτων FP : τούτου Meineke   25-26 καὶ ὁ 'Ασκληπιὸς P   26 ὁ Πτανὸς
τοῦ scripsi (Πτανὸς vel Πτανὸς ⟨τοῦ⟩ Reitzenstein) : σπανὸς FP¹ : πανὸς P²
27 πλείστῃ ἀκριβείᾳ scripsi : πιστὴν ἀκρίβειαν codd.

7 βουλομένης τῆς πάντων βασιλίδος ἱστορῆσαι προνοίας. Ἑρμῆς μὲν οὖν
⌜ἀπελογεῖτο τῷ περιέχοντι ὡς⌝ οὐδὲ τῷ παιδὶ παρέδωκεν ὁλοτελῆ ⟨τὴν⟩
θεωρίαν, διὰ τὸ ἔτι τῆς ἡλικίας νεοειδές. ⟨εἶπε δὲ οὕτως·⟩ "Ἐγὼ δη
[τῆς ἀνατολῆς γενόμενος] τοῖς πάντα βλέπουσιν ὀφθαλμοῖς ⟨τοῦ νοῦ⟩ τὰ
τῆς ⌜ἀνατολῆς⌝ ⟨ἐ⟩θεώρησα[ι τι] ἀειδῆ· καὶ ἐπισκοποῦντί ⟨μοι⟩ βραδέως   5
μέν, ἀλλ' οὖν ἦλθεν ἡ ἀκριβὴς [δια]γνῶσις. ⟨. . . χρή με⟩ πλησίον τῶν
Ὀσίριδος κρυφίων ἀποθέσθαι τὰ ἱερὰ τῶν κοσμικῶν στοιχείων σύμβολα,
ἐπικατευξάμενον δὲ [καὶ τοὺς λόγους τούσδε εἰπόντα[ς]] εἰς οὐρανὸν
ἀπελθε⟨ῖ⟩ν."

8 ἀλλ' οὐ καθῆκον ἀτελῆ τὴν ἀπαγγελίαν, ὦ τέκνον, ταύτην με[ν]   10
καταλεῖψαι, εἰπεῖν δ' ὅσα τὰς βίβλους κατατιθέμενος ἐξεῖπε[ι]ν Ἑρμῆς.
[ἐξ]εῖπε γὰρ οὕτως· "Ὦ ἱεραὶ βίβλοι, τῶν [ἀ]φθάρτων ⌜αἱ τετεύχαταί⌝
μου χειρῶν, ἃς τῷ τῆς ἀφθαρσίας φαρμάκῳ ⌜χορείας ἐπικρατῷ⌝, ἀσαπεῖς
πάντας αἰῶνας [καὶ ἄφθαρτοι] διαμείνατε [χρόνους], ἀθεώρητοι καὶ
ἀνεύρετοι γιγνόμεναι παντὶ τῷ τὰ ⌜ῆς ταύτης περ⟨ι⟩οδεύειν μέλλοντι πεδία,   15
ἄχρις οὗ γέρων οὐρανὸς συστήματα ὑμῶν ἄξια τεκνώσηται [ἃς ψυχὰς
ὁ δημιουργὸς προσηγόρευσε]. τοσαῦτα [εἰπὼν τὰς βίβλους καὶ] τοῖς
ἑαυτοῦ κατευξάμενος ἔργοις, ⟨ταῖς ἀ⟩ιδίοις ⟨ἐν⟩τεμενίζεται ζώναις.

*   *   *   *   *

50 ⟨. . .⟩ ⟨⟨[πάλιν] ὁ μόναρχος σύγκλητον τῶν θεῶν ἐποίησε
συνέδριον. καὶ οἱ θεοὶ παρῆσαν· καὶ [πάλιν] αὐτὸς [ταῦτα]   20
οὕτως ἐφώνησε, "Θεοί" λέγων, "ὅσοι ⌜τῆς κορυφαίας⌝, ὅσοι
καὶ ἀφθάρτου φύσεως τετεύχατε, οἳ τὸν μέγαν αἰῶνα διέπειν
ἐς ἀεὶ κεκλήρωσθε, οἳ [ς αὐτὰ] ἑαυτοῖς ἀντιπαραδιδόντε⟨ς⟩
οὐδέποτε κοπιάσετ⟨ε⟩ τὰ σύμπαντα, μέχρι πότε [[τῆς]] ἀνεπί-
γνωστοι ταύτης δεσπόσομεν ⟨⟨τῆς⟩⟩ ἡγεμονίας; μέχρι πότε   25
[ἀθεώρητα γενήσεται ταῦτα ἡλίῳ καὶ σελήνῃ] [[ἕκαστος ἡμῶν
ἐφ' ἑαυτῷ γεννάτω]] ⟨⟨ἀργὴν⟩⟩ ⟨κ⟩αταλείψομεν [τῷ δύνασθαι]
τὴν [ἔτι] [[ἀργὴν]] σύστασιν ταύτην; ἄπιστος τοῖς μεταγενε-
στέροις μῦθος δὴ δοξάτω ⟨τὸ⟩ χάος εἶναι. ἔργων ἅπτεσθε

2 ἀπελογεῖτο τῷ περιέχοντι ὡς codd. : fortasse ⟨⟨ὡς⟩⟩ ἀπελύετο τοῦ ⟨σκήνους?⟩
3 τὸ ἐπὶ τῆς P | νεοειδὲς Patrit. : θεοειδὲς FP | δὴ scripsi : δὲ codd.
4 γενόμεμος FP : γενομένης Patrit.   5 ἐθεώρησα ἀειδῆ scripsi : θεωρῆσαί τι
ἀειδεῖ FP¹ : θεωρῆσαι τῷ ἀειδεῖ P² | ἐπισκοποῦντί μοι scripsi (ἐπισκοποῦντι
Patrit.) : ἐπισκοτοῦντι FP   6 γνῶσις scripsi : διαγνῶσις codd. : an ⟨ἰ⟩δίᾳ
γνῶσις?   8 ἐπικατευξάμενον F : ἐπικατατευξάμενον P | εἰπόντα scripsi :
εἰπόντας FP   9 ἀπελθεῖν scripsi : ἀπῆλθεν codd.   10 με Meineke : μὲν FP
11 ἐξεῖπεν (ante Ἑρμῆς) Patrit. : ἐξεῖπεῖν FP   12 εἶπε (ante γὰρ) scripsi :
ἐξεῖπε codd.   12-13 Fortasse Ὦ ἱεραὶ βίβλοι, ἃς διὰ τῶν φθαρτῶν
τετευγμένας μου χειρῶν τῷ τῆς ἀφθαρσίας φαρμάκῳ ἔχρισεν ὁ ἐπὶ πᾶσι κρατῶν
12 φθαρτῶν scripsi : ἀφθάρτων codd. | τετεύχαταί F : τετεύχατέ P
13 χειρῶν ἃς Meineke : χείρονας FP | χορείας FP : χρίσας Meineke

exactness the truths of the heavenly doctrine. But Hermes . . .[1] did not **7** transmit the doctrine in its full completeness even to his own son, because Tat was still in his early youth. And thus did Hermes speak: 'I, even I, have beheld with the all-seeing eyes of mind the unseen things of . . .; and as I examined them, there came to me by slow degrees, but came in very deed, accurate knowledge of the truth. ⟨. . . And now, I must⟩[2] deposit hard by the secret things of Osiris these holy symbols of the cosmic elements,[3] and after speaking over them a prayer, depart to heaven.'

It is not fitting, my son, that I should leave this report unfinished; I must **8** tell you all that Hermes said when he was depositing his books. Thus did he speak: 'Ye holy books, which have been written by my perishable hands, but have been anointed with the drug of imperishability by Him who is master over all, remain ye undecaying through all ages, and be ye unseen and undiscovered by all men who shall go to and fro on the plains of this land, until the time when Heaven, grown old, shall beget organisms[4] worthy of you.' Having spoken this prayer over the works of his hands,[5] Hermes was received into the sanctuary of the everlasting zones.[6]

    ✳   ✳   ✳   ✳   ✳

. . . the Sole Ruler summoned a council of the gods. The gods **50** came, and He spoke, and said: 'Ye gods, all ye . . . whose being[7] has been made imperishable, ye whose lot it is to bear sway over the great world for ever, and who will never grow weary of transmitting the universe from hand to hand among you; how long shall this our sovereign rule remain unrecognized? How long shall we leave this conglomerate mass inert? Let it seem to those of after times an incredible tale that there has been a Chaos. Set your hands to mighty works. Let each of you for

---

[1] Perhaps, 'when he was about to be released from the body'.

[2] Perhaps, '⟨That knowledge I have set down in writing; and now I must⟩', &c.

[3] I. e. the books of Hermes, written in hieroglyphs.

[4] Literally 'composite things'; that is, men, composed of soul and body. After long ages, there will be born men that are worthy to read the books of Hermes.

[5] I. e. over his books.

[6] I. e. he died, and went to dwell in heaven.

[7] Perhaps, 'all ye who are stationed on the topmost height, and whose being', &c.

---

14 πάντας αἰῶνας scripsi: παντὸς αἰῶνος codd. 15 γῆς Meineke: τῆς codd. | περιοδεύειν scripsi: παροδεύειν codd. 16 Fortasse γέρων ⟨γενόμενος⟩ | τεκνώσηται FP: τεκνώσεται Meineke et Wachsm. 18 κατεξάμενος P | ταῖς ἀιδίοις ἐντεμενίζεται scripsi: ἰδίαις τε μενίζεται FP 19–3 infra: § 50 (πάλιν ὁ μόναρχος . . . διάστασις ἐγένε~ο καὶ) huc transposui 21–22 Fortasse ὅσοι τῆς ⟨πάντων⟩ κορυφῆς ⟨ἐπιβε?.,κατε⟩, [ὅσοι] καὶ 23–24 οἱ ἑαυτοῖς ἀντιπαραδιδόντες οὐδέποτε κοπιάσετε scripsi: οἷς αὐτὰ ἑαυτοῖς ἀντιπαραδιδόντα οὐδέποτε κοπιάσει codd. 24–25 ἀνεπίγνωστοι scripsi: ἀνεπιγνώστου codd. | τῆς transposuit Usener 27 καταλείψομεν scripsi: ἀπαλείψωμεν codd. 28 ἔτι FP²; αἰτίαν P¹ 29 δὴ Wachsm.: δὲ FP

μεγάλων. ⟨⟨ἕκαστος ἡμῶν ἐφ' ἑαυτῷ ⟨τι⟩ γεννάτω·⟩⟩ ἐγὼ δ'
αὐτὸς ἄρξομαι πρῶτος."   εἶπε, καὶ εὐθέως [κοσμικῶς] τῆς ἔτι
⸢μελαίνης⸣ ἑνώσεως διάστασις ἐγένετο· καὶ⟩⟩ ⟨. . . .⟩

11   ⟨⟨καὶ ⟨μετὰ⟩ ταῦτα ἔτι εἰς τὸ περιέχον ἀτενίσας ⟨ἐ⟩φώ-
νησεν· "Ἔστω πεπληρωμένος ὁ οὐρανὸς ἄ⟨σ⟩τρασιν ⟨. . .⟩₅
[ἀήρ τε καὶ αἰθήρ]."   εἶπεν ὁ θεός, καὶ ἦν.⟩⟩ ⟨. . .⟩

9   ἱκανὸν δὲ τὸν μέσον ἦργει χρόνον [ἐκέκρυπτο] [[καὶ]] ἡ ⟨τῶν
ὑποκειμένων⟩ φύσις, ὦ τέκνον, ⟨⟨καὶ⟩⟩ ἐτύγχανε στεῖρα, ἕως
αὐτοὶ οἱ ἤδη περιπολεῖν τὸν οὐρανὸν κελευσθέντες ⟨⟨θεοί⟩⟩,
τῷ πάντων [[θεῷ]] βασιλεῖ προσελθόντες, τὴν τῶν ⟨κάτω⟩ 10
ὄντων ἡσυχίαν ἀπήγγειλαν, καὶ ὅτι δέον ἐστὶ συγκοσμηθῆναι
⟨καὶ ταῦ⟩τα [σύμπαντα] [[καὶ τοῦτο οὐχ ἑτέρου τινός ἐστιν
ἔργον ἢ αὐτοῦ]]· καὶ "Δεόμεθά σου" ἔλεγον "τὰ νῦν ὄντα
καὶ [ὧν] ὕστερον ⟨ἐσόμενα τίνος⟩ ἔχει χρείαν διασκέψασ⟨θαι⟩.
⟨⟨καὶ ⟨γὰρ⟩ τοῦτο οὐχ ἑτέρου τινός ἐστιν ἔργον ἢ αὐτοῦ⟩⟩ 15
⟨σοῦ⟩."

10   ταῦτα εἰπόντων ἐμειδίασεν ὁ θεός, καὶ εἶπε Φύσιν εἶναι.
καὶ θῆλυ πάγκαλον χρῆμα ἐκ τῆς φωνῆς αὐτοῦ προῆλθεν,
ὃ καὶ θεωρήσαντες οἱ θεοὶ κατεπλάγησαν· καὶ ταύτην Φύσεως
⟨ὀ⟩νόματι ἐτίμησεν ὁ θεὸς ὁ προπάτωρ. ⟨⟨καὶ τῇ [Εὑρέσει] 20
⟨Φύσει⟩ τὸ[ν] τῶν [τὸ] κάτω πάντων ἐχαρίσατο ἡγεμονικόν,⟩⟩
καὶ ταύτην προσέταξεν εἶναι ⟨. . . σπερμάτων⟩ γεννητικήν.

11   [[καὶ ταῦτα ἔτι εἰς τὸ περιέχον ἀτενίσας φώνησεν· "Ἔστω
πεπληρωμένος ὁ οὐρανὸς ἅπασιν ἀήρ τε καὶ αἰθήρ."   εἶπεν
ὁ θεὸς καὶ ἦν.]]   25

12   ἡ δὲ Φύσις ἑαυτῇ λαλήσασα ἔγνω ὡς μὴ δέον αὐτήν ἐστι
παρακοῦσαι τῆς τοῦ πατρὸς ἐντολῆς· καὶ ⟨. . .⟩.

13   [καλὴν Πόνῳ συνελθοῦσα[ν] θυγατέρα ἐποίησεν, ἣν
Εὕρεσιν ἐκάλεσε.]
[τῇ δὲ ὁ θεὸς ἐχαρίσατο ⸢εἶναι⸣, καὶ χαρισάμενος.]   30
[διέκρινε τὰ ἤδη γεγονότα, καὶ ἐπλήρωσεν αὐτὰ μυστη-
ρίων.]
[[καὶ τῇ Εὑρέσει τούτων τὸ κατὰ τούτων ἐχαρίσατο
ἡγεμονικόν.]]

52   ⟨⟨πληρώσας δὲ τὰς [ι] σε⟨βα⟩στὰς [ιας] χεῖρας τῷ ⸢περι- 35
έχοντι⸣ τῶν ἐκ τῆς Φύσεως ὑπαρχόντωι ⟨σπερμάτων⟩, καὶ τὰς

1 ὑμῶν Patr. : ἡμῶν codd.   3 μελαίνης om. P : fortasse ἀκοσμήτου (ex
quo ortum puta κοσμικῶς)   4-6 § 11 (καὶ ταῦτα . . . καὶ ἦν) huc transposui
4-5 ἐφώνησεν P² : φώνησεν FP¹   5 ἄστρασιν scripsi : ἅπασιν codd.

his own part bring something into being; and I myself will be the first to begin.' He spoke, and forthwith the hitherto . . . homogeneous mass[1] was separated into two parts[2]; and . . .

And thereafter, He gazed into the space around, and spoke **11** again, saying 'Let heaven be filled with stars . . .'. God spoke, and it was so. . . .

But during no small interval of time the world below, my son, **9** was inert, and remained barren; until those very gods who had already been bidden to go their rounds in heaven[3] approached him who is King of all, and told him of the stillness of the things below, and said that these things also ought to be set in order. 'We pray thee then', said they, 'to look into this, and find out what is lacking to the things that now are and shall be hereafter; for this is no one's task save thine alone.'

When they had thus spoken, God smiled, and bade Nature[4] **10** be; and there came forth from his voice a Being in woman's form, right lovely, at the sight of whom the gods were smitten with amazement; and God the Forefather bestowed on her the name of Nature. And he conferred on Nature the government of all things in the world below, and bade her be productive of all manner of seeds. And Nature communed with herself, **12** and saw that she must not disobey her Father's bidding; and . . .[5] And God filled his august hands with the abundance of seeds **52** which Nature supplied, and gripping the handfuls firmly, said

---

[1] Perhaps, 'the homogeneous mass, hitherto unorganized (or formless)'.
[2] The 'two parts' are heaven and earth.   [3] I. e. the star-gods.
[4] 'Nature' means the force which manifests itself in the production and growth of living things on earth. That force is here personified. But in this passage, the only function that 'Nature' is called on to discharge is that of producing plants.
[5] Perhaps, 'and ⟨so she brought into being the seeds of all kinds of plants⟩'.

---

7 ἱκανὸν δὲ τὸν μέσον ἤργει χρόνον scripsi: ἱκανὸς δὲ ὁ μέσος ἤργει χρόνος codd. 9 οἱ ἤδη F | κελευσθέντας F | θεοὶ (post κελευσθέντες) add. Wachsm. 10 τῷ (ante πάντων) Patrit.: τῶν FP   12 καὶ ταῦτα scripsi: τὰ codd. | τοῦτο οὐχ P: τοῦτο ὅτι οὐχ F   14 διασκέψασθαι scripsi (διάσκεψαι Meineke): διασκέψας FP   19 ταύτην om. P   20 ὀνόματι Meineke: πόματι FP 20–21 καὶ . . . ἡγεμονικόν huc a § 13 transposui   21 Φύσει scripsi: εὑρέσει codd. | τὸ τῶν κάτω πάντων scripsi: τούτων τὸ κατὰ τούτων codd. 22 καὶ ταύτῃ . . . γεννητικῇ Meineke | ταύτην Patrit.: ταύτης FP | Fortasse ⟨παντοίων σπερμάτων⟩   23–25 § 11 (καὶ ταῦτα . . . καὶ ἦν): vide ante § 9   28 συνελθοῦσα Patrit.: συνελθοῦσαν FP   33–34 καὶ τῇ . . . ἡγεμονικόν hinc ad § 10 transposui   35–5 infra: § 52 (πληρώσας . . . συστάσει) huc transposui   35 σεβαστὰς scripsi: ἰσοστασίας FP: ὁσίας Usener 35–36 περιέχοντι codd.: fortasse περιουσίᾳ vel πλήθει

δράκας καρτερῶς σφίγξας, "Λάβε" εἶπεν, "ὦ ἱερὰ γῆ, λάβε,
πάντιμε, [καὶ] ⟨ἡ⟩ εἶναι γεννήτειρα μέλλουσα πάντων, καὶ
μηδενὸ⟨ς⟩ ἐντεῦθεν λείπεσθαι δόκει." εἶπεν ὁ θεός, καὶ τὰς
χεῖρας [οἴας δὴ θεὸν ⟨εἰκὸς⟩ ἔχειν] ἁπλώσας πάντα ἀφῆκεν
[ἐν τῇ τῶν ὄντων συστάσει].⟩⟩ ⟨. . .⟩   5

51   ⟨οὕτω δὴ⟩ ⟨⟨ἐφάνη μὲν οὐρανὸς ἄνω συγκεκοσμημένος τοῖς
ἑαυτοῦ μυστηρίοις πᾶσι, [κραδαινομένη ἔτι γῆ ἡλίου λάμ-
ψαντος ἐπάγη καὶ] ἐφάνη ⟨δὲ καὶ γῆ⟩ πᾶσι τοῖς περὶ αὐτὴν
συγκεκοσμημένη[ς] καλοῖς. καλὰ γὰρ τῷ θεῷ καὶ τὰ
θνητοῖς εἶναι νομιζόμενα φαῦλα, ὅτι δὴ τοῖς τοῦ θεοῦ νόμοις 10
δουλεύειν ἐποιήθη. ἔχαιρε δὲ ὁ θεὸς ὁρῶν ἤδη ἑαυτοῦ τὰ
ἔργα κινούμενα.⟩⟩

14   ⟨. . .⟩ αὐτὸς δ' οὐκέτι βουλόμενος ἀργὸν τὸν ὑπο⟨υ⟩ράνιο⟨ν⟩
κόσμον εἶναι, ἀλλὰ ⌜πνευμάτων⌝ πληρῶσαι δοκιμάσας ⟨καὶ⟩
τοῦτον, ὡς μὴ τὰ κατὰ μέσον ἀκίνητα [καὶ ἀργὰ] μένῃ, οὕτως 15
εἰς ταῦτα ἤρξατο τεχνιτεία[ι]ς, οὐσ⟨ί⟩αις πρὸς τὴν τοῦ [ἰδίου]
ἔργου ⟨ἀπο⟩τέλεσιν χρησάμενος ⟨ἐπιτη⟩δείαις. πνεῦμα γὰρ
ὅσον ἀρκετὸν ἀπὸ τοῦ ἰδίου λαβών, καὶ νοερῷ τοῦτο πυρὶ
μίξας, ἀγνώστοις τισὶν ἑτέραις ὕλαις ἐκέρασε· καὶ ταῦτα
[ἑκάτερον ἑκατέρῳ] μετά τινων ἐπιφωνήσεων κρυπτῶν ἑνώσας, 20
τὸ πᾶν οὕτως εὖ μάλα διεκί⟨ρ⟩νησε⟨ν⟩ [κρᾶμα], ἕως ἐπεγέλασέ
τις ὕλη τῷ μίγματι λεπτοτέρα τε καὶ καθαρωτέρα μᾶλλον
[καὶ διαφανεστέρα] ἢ ἐξ ὧν ἐγίνετο· διειδὴς δὲ ἦν αὕτη, ἣν
15 δὴ καὶ μόνος ὁ τεχνίτης ἑώρα. ἐπειδὴ δὲ ⟨⟨τελεσιουργηθεῖσα⟩⟩
οὔτε [ὡς ἐκ πυρὸς] καιομένη διετήκετο, οὔτε μὴν [ὡς ἐκ   25
πνεύματος] [[τελεσιουργηθεῖσα]] [ε] ψύχει ⟨ἐπήγνυτο⟩, ἀλλά
τινα ἰδιογενῆ [καὶ οἰκείαν] εἶχε [τὴν τοῦ κράματος] σύστασιν
[ἰδιότυπόν τε καὶ ἰδιοσύγκριτον], ⟨ταύτ⟩ην δὴ [καὶ ἀπὸ τοῦ
εὐφημοτέρου ὀνόματος καὶ τῆς καθ' ὁμοιότητα ἐνεργείας]
ψύχωσιν ὁ θεὸς ἐκάλεσε⟨ν⟩ [τὴν σύστασιν]. ἐξ οὗ δὴ   30
ἐπιπάγου μυριάδας ψυχῶν ἱκανὰς ἐγενεσιούργησε, τὸ [παρ'
αὐτοῦ] τοῦ κράματος ἐπάνθουν πρὸς ὃ θέλει πλάσσων εὐτάκτως

---

1 σφίγξας F: σφίξας P   1-2 λάβε πάντιμε om. P   3 μηδενὸς scripsi:
μηδενὶ codd. Fortasse μηδενὸς ⟨τῶν⟩ ⟨⟨ἐν τῇ τῶν ὄντων συστάσει⟩⟩   4 δὴ
scripsi: δεῖ codd.   6-12 § 51 (ἐφάνη μὲν . . . κινούμενα) huc transposui
6 ὁ οὐρανὸς P | συγκεκοσμημένος codd.: fortasse πεπληρωμένος   9 συγ-
κεκοσμημένη Patrit.: συγκεκοσμημένοις FP | καλοῖς om. P   9-11 καλὰ
γάρ . . . ἐποιήθη secludendum?   13 ὑπουράνιον scripsi: ὑπεράνω
codd.   15 μέσον scripsi: μέρος codd.   16 τεχνιτείας, οὐσίαις Usener:
τεχνιτείαις οὔσαις codd.   17 ἀποτέλεσιν scripsi: γένεσιν codd. | ἐπιτη-
δείαις scripsi: ἱεραῖς codd.   18 νοερῷ Meineke: νοερῶς FP | τούτῳ P²

'Take them, thou holy Earth, take them, all-honoured one, thou that art destined to be mother of all things; and henceforward be not thou thought to come short of anything'.[1]   And saying this, God opened his hands, and flung forth all that was in them. . . .[2]

Thus it was that heaven came to be seen above, equipped 51 with all its holy Powers,[3] and the earth below, equipped with all the goodly things that appertain to it.   For even those things which mortals deem foul are goodly in God's sight, because they have been made subject to God's laws.   And God was glad when he beheld his works[4] and saw that they were now in motion.[5]

. . . And God was no longer willing that the region next below 14 heaven[6] should be inert, but thought good to fill this region also with living beings, that the intermediate space[7] might not remain devoid of movement; and so he began to ply handicraft for this purpose, using substances suitable for the accomplishment of the work.   He took of his own life-breath as much as would suffice, and blended it with intelligent fire, and mingled the blend with certain other materials unknown to men; and having fused together these ingredients, with utterance of certain secret spells, thereon he thoroughly stirred the whole mixture, until there bubbled up upon the surface of the mass a substance finer and purer than the things of which it was composed.   This substance was transparent; none but the Craftsman himself could see it. And when it was wrought up to completion, and was neither 15 liquefied by burning heat nor solidified by cold, but had a certain consistency peculiar to itself, God named it 'soul-stuff'.   And out of this scum he wrought into existence many myriads of souls, moulding to his purpose in right order and due measure

---

[1] Perhaps, 'to lag behind any of the contents of the composite universe', i. e. any other part or region of the universe.
[2] Here probably followed a sentence in which it was said that plants sprang up on the earth.
[3] I. e. filled with stars, or peopled with star-gods.
[4] I. e. heaven and earth and all things in them.
[5] Or 'in action'; i. e. that they were no longer inert and lifeless.
[6] I. e. the atmosphere.
[7] I. e. the space between heaven and earth.

| πῦρ P   19 ἀγνώστοις Patrit.: ἀγνώστως FP   21 διεκίρνησεν scripsi: διεκίνησε codd.   26 ψύχει ἐπήγνυτο scripsi: ἔψυχεν codd.   28 ἦν δὴ FP: "ἔνθεν δὴ scripsi . . .; poteris etiam ⟨ταύτ⟩ην δὴ" Wachsm.   31 ἐπὶ πάγου FP²   32 τοῦ (ante κράματος) om. P | πρὸς ὃ F: πρ σὸ P¹: πρσ, ὃ P²

τε καὶ συμμέτρως μετ⟨ὰ⟩ [ἐμπειρίας καὶ] λόγου τοῦ καθή-
κοντος, ὡς μηδέ τι ⟨. . .⟩.

16 ⟨. . .⟩ διαφέρειν [ε]αὐτὰς ἑαυτῶν ἦν ἀναγκαῖον, ἐπειδήπερ
τὸ ἐκ τῆς κι⟨ρ⟩νήσεως [τοῦ θεοῦ] ἐξατμιζόμενον ἄνθος οὐκ ἦν
ἑαυτῷ ὅμοιον, ἀλλὰ [μεῖζον καὶ] ⟨ὁλο⟩κληρότερον ἦν τοῦ ₅
δευτέρου τὸ πρῶτον καὶ τῷ παντὶ καθαρώτερον, τὸ δεύτερον
δὲ ἱκανῶς μὲν ⟨ἧσσον⟩ ἦν τοῦ πρώτου [τὸ δεύτερον], πολλῷ
δὲ ⟨κρεῖσσον⟩ τοῦ τρίτου [τὸ μεῖζον], καὶ οὕτως ἄχρι βαθμῶν
ἑξήκοντα ὁ πᾶς ἀπήρτιστο ἀριθμός· πλὴν ὅτι γε πάσας
⟨ὁμοίως⟩ ἀιδίους εἶναι νομοθετήσας ἔταξεν, ὡς ἂν ἐκ μιᾶς ₁₀
⟨γενομένας⟩ οὐσίας, ἧς μόνος αὐτὸς ἤδη ⌜τελειῶ⌝. ⟨ταύ⟩ταις
δὲ καὶ τμήματα [καὶ τ⟨α⟩μ⟨ι⟩εῖα] ἐν μεταρσίῳ διέταξε [τῆς
ἄνω φύσεως] [οὐρανοῦ], ὅπως τόν τε κύλινδρον περιστροβῶσι
τάξει τινὶ καὶ οἰκονομίᾳ καθηκούσῃ, καὶ τὸν πατέρα τέρπωσιν.

17 οὕτως δὴ [καὶ] ἐν τῇ περικαλλεῖ τοῦ αἰθέρος στὰς ⌜ει⌝, ₁₅
καὶ τὰς τῶν ἤδη οὐσῶν ⟨ψυχῶν⟩ μεταπεμψάμενος φυλάς,
"Ὦ[ς] ⟨⟨ψυχαί⟩⟩", φησ⟨ί⟩, "[πνεύματος ἐμοῦ καὶ] μερίμνης
ἐμῆς [[ψυχαὶ]] καλὰ τέκνα, ἃ ταῖς ἐμαυτοῦ μαιωσάμενος
χερσὶν ἤδη ⟨ἐν⟩ τῷ μ⟨έσ⟩ῳ καθιδρ⟨ύ⟩ω κόσμῳ, [λόγων ἐμῶν
ὡς] νόμων τούτων ἐπακούσατε, καὶ τόπου μηδενὸς ἄλλου ₂₀
θίγητε πλὴν τοῦ διαταγέντος ὑμῖν ὑπὸ τῆς ἐμῆς γνώμης.
εὐσταθησάσαις μὲν οὖν ὑμῖν οὐρανὸς [τε καὶ μένει πάλιν]
ὁ μισθός, καὶ [ὁ διαταγεὶς] ⟨κατ⟩αστερισμός, θρόνοι τε ἀρετῆς
πεπληρωμένοι· εἰ δέ τι νεώτερον παρὰ τἀμὰ πράξητε βουλεύ-
ματα, ἱερὸν [ὑμῖν] ὀμνύω [πνεῦμα καὶ] κρᾶμα τοῦτ' ἀφ' οὗπερ ₂₅
ὑμᾶς ἐγέννησα, ψυχοποιούς τε ταύτας μου τὰς χεῖρας, ὡς οὐκ
εἰς μακρὰν δεσμοὺς καὶ κολάσεις ὑμῖν τεχνιτεύσω."

18 τοσαῦτα εἰπὼν ὁ θεὸς [ὁ κἀμοῦ κύριος] τὰ λοιπὰ τῶν
στοιχείων [συγγενῆ] μίξας, ὕδωρ καὶ γῆν, ⟨⟨καὶ ζωοποιὸν

---

1 μετὰ scripsi: μετ' ἐμπειρίας καὶ codd.   3 αὐτὰς Meineke: ἑαυτὰς FP
4 κιρνήσεως scripsi (κράσεως Heeren): κινήσεως codd.   5 ὁλοκληρότερον
scripsi: πληρέστερον codd.   7 τὸ δεύτερον seclusi (τὸ del. Heeren)
8 τὸ μεῖζον seclusi (τὸ del. Heeren)   11 ἤδη Usener: ἤδη FP | τελειῶ
FP: τελείωμα Usener: fortasse ⟨τὴν σύστασιν⟩ τελειῶ⟨σαι⟩ | ταύταις
scripsi: ταῖς codd.   12 ταμεῖα Wachsm. (vide § 24): ταμεῖα Patrit.: τμεῖα
FP | Fortasse διέταξ⟨ν⟩ ⟨⟨οἰκονομίᾳ ⟨τινὶ⟩ καθηκούσῃ⟩⟩   13 οὐρανοῦ
del. Heeren | τόν τε κύλινδρον περιστροβῶσι obscurum: nescio an omissum
sit aliquid   14 τάξει . . . καθηκούσῃ transponendum? | An τέρπωσιν
⟨ὕμνοις⟩?   15 στὰς codd.: στὰς βάσει Usener: fortasse ⟨στὰς ἀψῖδι
16 οὐσῶν ψυχῶν scripsi: ὄντων codd. | φυλάς scripsi: φύσεις codd.
17 "Ὦ ψυχαί", φησὶ scripsi: ὡς φῆς FP¹: ὢ φησὶ P²: "ὢ", φησί Wachsm.
18 'an ψυχαί secludendum?' Wachsm.   19 ἐν τῷ μέσῳ scripsi: τῷ μῷ
FP: τῷ ἐμῷ Meineke | καθιδρύω scripsi: καθιερῶ codd. | κόσμῳ codd.:

the stuff which formed on the surface of the mixture, and there-
with speaking the fitting spell, that nothing might

But the souls necessarily differed one from another, because 16
the froth which exhaled from the mass when it was stirred
together was not all of one quality. The first portion of it was
more perfect than the second, and altogether purer; and the
second portion was much inferior to the first, but far superior
to the third; and so it went on, until the whole number of the
different grades amounted to sixty. But God made a law by
which he ordained that all the souls alike should be everlasting,
inasmuch as they were all made of one substance, the composition
of which was known to him alone. And he assigned to the souls
divisions of space on high,[1] one to each grade of souls; ...[2] that
they might make the cylinder revolve[3] according to a fixed order
and a fitting arrangement, and might give joy to their Father.[4]

Thereupon God took his stand in the beauteous vault of the 17
aether,[5] and summoned to him the tribes of souls that were now
in being, and said, 'Ye souls, fair children of my anxious thought,
whom I have brought to birth with my own hands, and whom
I now station in the intermediate region of the universe, hearken
to these my laws, and meddle with no place save that which is
assigned to you by my decree. If you are steadfast in obedience,
heaven shall be your reward; you shall be placed among the
stars, and shall sit on thrones that are charged with potent forces.
But if by any rash deed you transgress my ordinances, then,
by this holy mixture out of which I brought you into being,
and by these my soul-making hands, I swear that full soon will
I construct bonds for your chastisement.'[6]

Having thus spoken, God mixed together the two remaining 18
elements, water and earth,[7] and breathed into them a certain

---

[1] I. e. distinct strata of the atmosphere.
[2] Perhaps, '⟨and he placed the souls in those divisions, and bade them dwell there⟩', or something of the sort.
[3] I do not know what is meant by 'the cylinder'.
[4] Perhaps, 'give joy to their Father ⟨by hymns of praise⟩'.
[5] I. e. in the highest part of the atmosphere, or on the upper surface of it.
[6] I. e. I will make bodies for you, and you shall be punished by incarnation.
[7] Fire and air had been used in making the first mixture.

---

fortasse τόπῳ vel τοῦ κόσμου τύπῳ | λέγων P²   20 τύπου secludendum?
22 εὐσταθησάσαι P¹   23 ὁ μισθός scripsi: ὁμοίως codd. | καταστερι-
σμός scripsi: ἀστερισμὸς codd.   24 πράξητε P: πράξηται F: πράξετε Patrit.,
Wachsm.   24–25 βουλεύματα om. P   27 δεσμοὺς P: δεσμὸν F

ἐμφυσήσας⟩⟩ ⟨τινὰ οὐσίαν⟩, καί τινας [ὁμοίως] κρυπτοὺς
ἐπειπὼν λόγους, δυνατοὺς μέν, οὐ τοῖς πρώτοις δ' ὁμοίους,
εὖ τε κιρνήσας [[καὶ ζωοποιὸν ἐνθουσιάσας]], ⟨τὸν⟩ τῷ κράματι
ἐπιπλέοντα [ὁμοίως] ἐπίπαγον [εὐβαφῆ τε καὶ] εὐ[π]αγῆ
γενόμενον ἔλαβε, καὶ ἐκ τούτου τὰ [ἀνθρωποειδῆ] ⟨πνεύματα⟩ 5

19 τῶν ζῴων διέπλασε· τὸ δὲ τοῦ μίγματος λείψανον ταῖς ἤδη
προκοψάσαις ψυχαῖς ἔδωκε, [ψυχαῖς δὲ ταύταις] ταῖς εἰς
[χωρία θεῶν καὶ] τοὺς ἐγγὺς ἄστρων τόπους ⟨ἀναβάσαις⟩,
καὶ ἱεροῖς δαίμοσι μετακεκλημένα⟨ι⟩ς, [πλάσσετε] λέγων "Ὦ
τέκνα, τῆς ἐμῆς ⌜φύσεως⌝ γεννήματα, δέχεσθε τῆς ἐμῆς 10
τεχνι⟨τεία⟩ς τὰ λείψανα, καὶ ἑκάστη τῇ ἑαυτῆς φύσει
⟨πεποιθυῖα⟩ πλασσέτω τι [παραπλήσιον]· παραθήσομαι δ'
ἐγὼ [καὶ] ταῦθ' ὑμῖν παραδείγματα." καὶ λαβὼν εὖ καὶ
καλῶς ⟨. . .⟩

20 [[τὸν ζῳδιακὸν συμφώνως ταῖς ψυχικαῖς κινήσεσι διέταξε 15
κόσμον, πρὸς τοῖς ἀνθρωποειδέσι τῶν ζῳδιακῶν τὰ ἐξῆς
ἀπαρτίσας οἷον ζῳδίοις, καὶ τὰς πανούργους ἐχαρισάμην
δυνάμεις καὶ πάντεχνον πνεῦμα γεννητικὸν τῶν εἰς ἀεὶ
μελλόντων ἔσεσθαι καθολικῶς πάντων.]]

21 ⟨. . .⟩ καὶ ἀπέστη, ὑποσχόμενος τοῖς ὁρατοῖς ἔργοις αὐτῶν 20
τὰ ⟨ἀ⟩όρατα πνεύμα⟨τα⟩ ἐπιζεῦξαι, ⟨ἐξ⟩ουσίαν τε ὁμοιογονίας
⟨δοῦναι⟩ ἑκάστῳ, ὅπως [αὐτῷ [αὐτοῖς] ἕτερα γεννᾷ ὅμοια,]
αὐτα⟨ὶ⟩ [τε] μηκέτι ἀνάγκην ἔχωσιν ἄλλο τι ποιεῖν ⟨παρ'⟩
ἃ ἔφθησαν ἐργάσασθαι.

22 —Τί οὖν, ὦ τεκοῦσα, ἐποίησαν αἱ ψυχαί;—καὶ εἶπεν 25
Ἶσις· Τὸ κεκερασμένον, ὦ τέκνον Ὧρε, [τῆς ὕλης]
λαβοῦσαι κατενόουν πρῶτον [καὶ τὸ τοῦ πατρὸς προσεκύνουν
κρᾶμα], καὶ ὁπόθεν ἦ⟨ν⟩ συμπεπλεγμένον ἐπεζήτουν· τὸ δὲ
ἦν αὐταῖς οὐκ εὔπορον ἐπιγνῶναι. ἔνθεν δὴ καὶ ὅτι ἐπεζή-
τησαν ἐφοβοῦντο μὴ τῷ τοῦ πατρὸς ὑποπέσωσι χόλῳ· καὶ 30

3 εὖ τε κιρνήσας scripsi: εὐτεκεῖν ἴσας FP (κινήσας man. 2 marg. P): εὖ τε
κινήσας Wachsm.   3–4 Fortasse κράματι ἐπιπολάζοντα   4 εὐαγῆ scripsi:
εὐβαφῆ τε καὶ εὔπαγη codd.   5 ἀνθρωποειδῆ (num ἀεροειδῆ?) seclusi:
πνεύματα addidi (vide § 21 init.)   7 ψυχαῖς (ante ἔδωκε) om. P   9 ἱεροῖς
δαίμοσι scripsi: ἱεροὺς δαίμονας codd. | μετακεκλημέναις Patrit.: μετακεκλη-
μένας FP | 'πλάσσετε (πλάσσε τε F) suspectum; fort. λάβετε, nisi πλ.
delendum' Wachsm.   10 φύσεως codd.: fortasse οὐσίας | δέχεσθαι P
11 τεχνιτείας scripsi: τέχνης codd.   12–13 δ' ἐγὼ scripsi: δέ τι FP
13–20 Fortasse λαβὼν εὖ καὶ καλῶς ⟨ἤδη ἀπηρτισμένα τὰ πνεύματα ταῖς ψυχαῖς
παρέθηκε,⟩ καὶ ἀπέστη, ὑποσχόμενος κ.τ.λ.   15–19 § 20 ⟨τὸν ζῳδιακὸν
. . καθολικῶς πάντων⟩ hinc transposui: vide post § 23   21 τὰ ἀόρατα

life-giving substance, and spoke over them certain secret spells, potent indeed, but not so potent as those which he had uttered before. These things he stirred well together; and when the scum which floated on the surface of the mixture had become translucent, he took this scum, and out of it he fashioned the vital spirits of the animals.[1] But the residue of the mixture **19** he handed over to the souls that had by this time made progress, those souls that had ascended to the places near the stars,[2] and had been given a new name, and were called 'holy daemons'; and he said to them, 'My children, offspring of my being, take the residue left over from my handiwork, and let each of you fashion something,[3] relying on his own ability; and I will set before you as models these things which I have made'.[4] And having taken ... well and fairly ... and then he withdrew,[5] after **21** promising to join to the visible works of their hands [6] the invisible vital-spirits, and to give to each of the creatures that should be made power to generate others like to itself, in order that the souls might not thereafter be obliged to make anything else beside what they made at first.—

Horus. Tell me then, mother, what did the souls make?—And **22** Isis said: When the souls, my son Horus, had received the mingled mass, they first examined it, and sought to find out of what ingredients it was compounded; but this it was not easy for them to discover. Thereupon they feared they might incur the Father's anger for having tried to find out; and they betook

---

[1] The writer assumes the 'vital spirit' of an animal to be a sort of gaseous and invisible body, like in size and shape to the gross and visible body.

[2] I. e. to the highest of the atmospheric strata.

[3] I. e. the body of some kind of animal.

[4] Viz. the 'vital spirits' of the animals.

[5] Perhaps, 'And he took ⟨the vital spirits of the animals, which were by this time⟩ well and fairly ⟨finished, and set them before the souls;⟩ and then he withdrew'.

[6] I. e. the gross bodies of the animals.

πνεύματα scripsi (τὸ ἀόρατον πνεῦμα Canter): τὸ ὑρατὸν πνεῦμα FP | ἐξουσίαν scripsi: οὐσίαν codd.   **22** αὐτῷ (om. αὐτοῖς) Heeren: αὐτῷ αὐτοῖς FP¹: αὐτὰ αὐτοῖς P²   **23** αὐταί scripsi (αὐταί τε Meineke): αὐτὰ τε P: αὐτά γε F | μηκέτι scripsi: οὐκ ἔτι FP | ἔχωσιν P²: ἴχουσιν FP¹ | παρ add. Heeren: ἢ add. P²   **27** λαβοῦσαι scripsi: τῆς ὕλης λαβόμεναι codd.   **28** πόθεν P | ἦν (post ὁπόθεν) Heeren: ἢ FP

23 ἐπὶ τὸ πράττειν τὰ προσταχθέντα ἐτράπησαν. ἔνθεν ἐκ
μὲν τῆς ἀνωτέρω ὕλης, τῆς ὑπερβολῇ κοῦφον ἐχούσης τὸν
⌈ἐπίπαγον⌉, τὸ τῶν ὀρνέων γένος ἐ[υ]μόρφουν, [[ἐν τούτῳ δʼ
ἡμιπαγοῦς ἤδη τοῦ κράματος γενομένου καὶ ἤδη τὴν στερεὰν
πῆξιν λαβόντος τὸ τῶν τετραπόδων γένος ἔπλασσον,]] ⟨ἐκ δὲ⟩
το⟨ῦ⟩ [δὴ] ἧττον κούφου [καὶ ἑτέρας ὑγρᾶς[ιας] ⟨ο⟩ὐσίας
δεόμενον εἰς διάνηξιν] τὸ τῶν ἰχθύων. ⟨⟨ἐν τούτῳ δʼ ἡμι-
παγοῦς [ἤδη] τοῦ κράματος γενομένου, καὶ ἤδη [[τὴν στερεὰν
πῆξιν λαβόντος]] ⟨⟨κατωφεροῦς ὑπάρχοντος⟩⟩, τὸ τῶν τετρα-
πόδων γένος ἔπλασσον·⟩⟩ ψυχροῦ δὲ ⟨γενομένου⟩ τοῦ λοιποῦ,
καὶ ἤδη ⟨⟨[[τὴν]] στερεὰν ⟨⟨τὴν⟩⟩ πῆξιν λαβόντος⟩⟩ [[κατω-
φεροῦς ὑπάρχοντος]], τὴν τῶν ἑρπετῶν αἱ ψυχαὶ φύσιν
ἐκαινούργουν.

20 ⟨ὁ δὲ θεὸς . . .⟩ ⟨⟨τὸν ζῳδιακὸν συμφώνως ταῖς φυσικαῖς
κινήσεσι διέταξε [κόσμον], [πρὸς τοῖς ἀνθρωποείδεσι τῶν
ζῳδί[ακ]ων τὰ ἑξῆς ἀπαρτίσας] [οἷον ζῳδίοις,] καὶ ⟨τούτῳ⟩ [τὰς]
παν⟨τ⟩ουργοὺς [ε]χαρισάμεν⟨ος⟩ δυνάμεις [καὶ πάντεχνον
πνεῦμα], γεννητικὸν ⟨ἐκέλευσεν εἶναι⟩ τῶν εἰς ἀεὶ μελλόντων
ἔσεσθαι [καθολικῶς] πάντων ⟨ζῴων⟩.⟩⟩

24 [αυτ]αὶ δὲ ⟨ψυχαί⟩, ὦ τέκνον, ὡς ⟨μέγα⟩ τι πράξασαι,
ἤδη καὶ περίεργον ὡπλίζοντο τόλμαν, καὶ παρὰ τὰ διατεταγ-
μένα ἐποίουν· ⟨⟨τοῖς ⟨γὰρ⟩ ἐν οὐρανῷ θεοῖς ἐφιλονείκουν,
⟨ἴ⟩σης [ε]αὐτοῖς εὐγενείας [περικρατοῦσαι καὶ] ἀντιλαμβανό-
μενοι, ὡς καὶ αὐταὶ τοῦ αὐτοῦ [ε]τυχοῦ⟨σαι⟩ δημιουργοῦ.⟩⟩
καὶ ἤδη τῶν ἰδίων τμημάτων [καὶ ταμιείων] προήρχοντο· καὶ
⟨γὰρ⟩ ἐφʼ ἑνὸς οὐκέτι ἤθελον τόπου μένειν, ἀεὶ δὲ ἐκινοῦντο,
καὶ τὸ [ἔτι] ἐπὶ μιᾶς μονῆς εἶναι θάνατον ἡγοῦντο.

25 τοῦτο μὲν οὖν [φησίν], ὦ τέκνον, ⟨⟨ὡς⟩⟩ Ἑρμῆς [[ὡς]] [κ]
ἐμοὶ λέγων ⟨ἔφη⟩, [καὶ] τὸν τῶν ὅλων κύριον [καὶ θεὸν] οὐκ
ἐλάνθανον [δ] πράσσουσαι· κόλασιν δὲ αὐταῖς ἐπεζήτει [καὶ
δεσμὸν ὃν τλημόνως ὑπομενοῦσι]. καὶ δὴ καὶ ἔδοξε τῷ
πάντων ἡγεμόνι καὶ δεσπότῃ τὸ τῶν ἀνθρώπων σύστημα [τι]

2 τῆς (post ὕλης) Meineke: τῇ FP   2-3 Fortasse κούφην ἐχούσης τὴν
σίστασιν vel simile quid   2 ἐχούσης Patrit.: ἐχούσῃ FP   3 ἐπὶ πάγον FP¹
| ἐμόρφουν Pʼ: εὐμόρφουν FP¹   5-6 ἐκ δὲ τοῦ ἧττον κούφου scripsi: τὸ δὴ
ἧττον κοῦφον codd.   6 ὑγρᾶς οὐσίας scripsi (ὑγρασίας vel ὑγρᾶς οὐσίας Heeren,
ὑγρασίας Wachsm.): ὑγρασίης ὐσίας F¹: ὑγρασίας ὑγίας P¹: ὑγρασίας οὐσίας
F²P¹   13 ἐκαινούργουν F¹   14 φυσικαῖς scripsi: ψυχικαῖς codd.
15 Fortasse κινήσεσι ⟨τῶν ζῴων⟩ | κόσμον codd.: fortasse κύκλον
16 ζῳδίων Patrit.: ζῳδιακῶν codd.   17 παντουργοὺς scripsi: πανούργους
codd. | χαρισάμενος scripsi ('an χαρισάμενος?' Wachsm.): ἐχαρισάμην

themselves to doing the work they had been bidden to do. Out of the upper part of the stuff, which was of very light con- **23** sistency, they fashioned the race of birds; and out of the part which was less light, the race of fishes. And when the mixture had become half-solid, and was now heavy, they fashioned out of it the race of quadrupeds; and when what was left of it had grown cold, and was quite solidified, the souls made of it yet another sort of creatures, the breed of creeping things.

. . .[1] And God arranged the Zodiac in accord with the movings **20** of nature;[2] and having bestowed on it powers of all-various working, he bade it be productive of all the animals that were to be in all time to come.[3]

But the souls, my son, thinking that they had now done some- **24** thing great, began to array themselves in presumptuous audacity, and transgress God's commands; for they sought to vie with the gods in heaven, claiming nobility equal to theirs, in that the souls themselves had been made by the same Maker.[4] And so they now began to overstep the bounds of their own divisions of the atmosphere; for they would not any longer abide in one place, but were ever on the move, and thought it death[5] to stay in one abode.

But when the souls did thus, my son, the Lord of all (so **25** Hermes said when he told the tale to me) failed not to mark it; and he sought a way to punish them. And so the Ruler and Master of all thought good to fabricate the human organism,

---

[1] § 20 was probably preceded by a passage in which it was said that God put the vital spirits of the animals into the bodies (as he had promised to do, § 21).

[2] I. e. the processes operated by nature in the bodies of the animals.

[3] I. e. all that were to be born after the making of the first specimen (or pair) of each kind. (It was commonly thought that births were effected by the influence of the Signs of the Zodiac.)

[4] I. e. by God, by whom the star-gods also had been made.

[5] I. e. an intolerable thing.

FP¹: 'ἐχαρίσατο, ni fallor, P²' Wachsm.   20 αἱ δὲ ψυχαί scripsi: αὐταί τε codd.   22-24 τοῖς . . . δημιουργοῦ huc a § 53 (p. 486) transposui   23 ἴσης αὐτοῖς scripsi: τῆς ἑαυτῶν codd. | περικρατοῦσαι καί seclusi (an secludendum καὶ ἀντιλαμβανόμενοι?)   24 καὶ αὐτὰ τοῦ P | τυχοῦσαι scripsi: ἔτυχον codd.   26 οὐκ ἔτι ἤθελον P: οὐκ ἤθελον F   27 ἔτι (ante ἐπί) seclusit Wachsm.   28-29 ὡς Ἑρμῆς ἐμοὶ λέγων ἔφη scripsi: Ἑρμῆς ὡς κἀμοῦ (κἀμὲ P²) λέγων FP   30 ἐλάνθανον Heeren: ἐλάνθανεν codd. | πράσσουσαι scripsi: ὃ πράσσουσιν codd.   32 ἡγεμόνι καί secludendum? | τὸ F: τὸ eras. ex τῷ P | σύστημα (om. τι) P²: συστήματι FP¹

τεχνήσασθαι, ὅπως ἐν τούτῳ τὸ τῶν ψυχῶν διαπαντὸς γένος κολάζηται.

26 Τότε δὴ μεταπεμψάμενος ἐμέ, φησὶν Ἑρμῆς, εἶπεν "Ὦ ψυχῆς ἐμῆ⟨ς⟩ ψυχὴ καὶ νοὸς ἱεροῦ ἐμοῦ νοῦ⟨ς, . . .⟩."

27 ⟨. . . εἶπεν ὁ θεός·⟩ "Ἄχρι ποῦ στυγνὴ φύσις ἡ τῶν ὑποκειμένων ὁρᾶται; ἄχρι πότε τὰ ἤδη γεγονότα [ἀργὰ] μένει [καὶ] ἀνεγκωμίαστα; ἀλλ' ἄγε δή μοι τοὺς ἐν οὐρανῷ θεοὺς ⟨κάλεσον⟩ πάντας ἤδη" [εἶπεν ὁ θεός, ὦ τέκνον, ὥς φησιν Ἑρμῆς]. αἱ δὲ ⟨ὡς⟩ ἦλθον πρὸς ⟨τὸ⟩ ἐπίταγμα, "Ἀπίδετε" εἶπεν "εἰς τὴν γῆν καὶ πάντα τὰ χαμαί· ⟨. . . .⟩" οἱ δὲ ἐν τάχει [καὶ εἶδον καὶ] ἐνόησαν ἃ ἐβούλετο ⟨ὁ⟩ δυνάστης, καὶ εἰπόντι ὑπὲρ τῆς τῶν ἀνθρώπων γενέσεως

28 συνέθεντο. ⟨ἐπερωτῶντος δὲ⟩ [εἴ τι παρ'] ἕνα ἕκαστον τί δυνατός ἐστι παρασχεῖν τοῖς μέλλουσι γίγνεσθαι, ἔλεγεν Ἥλιος "⌜Ἐπὶ πλέον⌝ λάμψω." ὑπισχνεῖτο Σελήνη [τὸν] μετὰ τὸν Ἡλίου δρόμον φωτίσαι· ἔλεγε δὲ καὶ προπεπαιδοποιηκέναι [φόβον καὶ] σιγὴν καὶ ὕπνον [καὶ τὴν μέλλουσαν αὐτοῖς ἔσεσθαι ⟨π⟩ανωφελῆ μνήμην]. Κρόνος ἀπήγγειλεν ἤδη πατὴρ γεγονέναι [καὶ] δίκης καὶ ἀνάγκης. Ζεὺς ἔλεγεν "Ὡς μὴ παντάπασι πολέμοις ⟨ἀπόλητ⟩αι τὸ φῦλον τὸ ἐσόμενον, ἤδη αὐτοῖς [καὶ τύχην καὶ ἐλπίδα καὶ] εἰρήνην γεγέννηκα." Ἄρης· ἀγωνίας ἔλεγεν ἤδη καὶ ὀργῆς καὶ ἔριδος πατὴρ εἶναι. Ἀφροδίτη οὐκ ἐμέλλησεν, ἀλλὰ εἶπεν "Ἐγὼ δὲ πόθον αὐτοῖς, ὦ δέσποτα, καὶ ἡδονὴν ἐπιζεύξω καὶ γέλωτα [ὡς μὴ χαλεπωτάτην αἱ συγγενεῖς ψυχαὶ τὴν καταδίκην ὑπομένωσιν] [ἐπὶ πλέον κολάζωνται]." ἐτέρπετο, ὦ τέκνον, [ἐπὶ πλέον]

29 ⟨ὁ πατὴρ⟩ Ἀφροδίτης ταῦτα λεγούσης. "Ἐγὼ δέ", εἶπεν Ἑρμῆς, "[καὶ] ⟨συνετὴν⟩ ποιήσω τὴν ⟨τῶν⟩ ἀνθρώπων φύσιν [ἔφη], καὶ σοφίαν αὐτοῖς [καὶ σωφροσύνην καὶ πειθὼ] καὶ ἀλήθειαν ⟨π⟩αραθήσω· καὶ οὐ παύσομαι [τῇ εὑρέσει συνών] [ἀλλὰ καὶ τῶν ὑπὸ ζῳδίων τῶν ἐμῶν γινομένων ἀνθρώπων] εἰσαεὶ τὸν θνητῶν βίον ὠφελ[ησ]ῶ⟨ν⟩, [ζῴδια γὰρ [[τὰ]] ἐμοὶ ἀνέθηκεν ὁ πατὴρ καὶ δημιουργὸς ⟨⟨τὰ⟩⟩ ἔμφρονα [γε] καὶ νοερά,] καὶ τότε πλέον, ὅταν ἡ ἐπικειμένη αὐτοῖς τῶν ἀστέρων κίνησις σύμφωνον ἔχῃ τὴν ἑνὸς ἑκάστου φυσικὴν ἐνέργειαν." ἔχαιρεν [ὁ θεὸς] ὁ δεσπότης [κόσμου] ταῦτα ἀκούσας, καὶ προσέταξε γίγνεσθαι φῦλον τὸ ἀνθρώπων.]

30 ⟨. . .⟩ ἐγὼ δέ, φησὶν Ἑρμῆς, ἐπεζήτουν ὕλην, τίνι δέον

30

1 τεχνίσασθαι P   4 ἐμῆς Patrit.: ἐμὴ FP | ψυχῆς ἐμῆς ψυχὴ καὶ secludendum? | νοῦς ἱεροῦ ἐμοῦ νοῦς scripsi (νοῦς ἱεροῦ ἐμοῦ νοῦ Wachsm.): νοῦς ἱερὸς ἐμοῦ νοῦ codd.   6 τὰ εἴδη γεγονότα P | ἀλλά τε δῆμοι P¹ 7 κάλεσον add. Usener: an ⟨καλείτω τις⟩?   8 ὡς (ante ἦλθον) add. Heeren   9 Fortasse καὶ εἶδον ⟨τὴν τῶν κάτω ἐρημίαν?⟩ καὶ ἐνόησαν 10 ὁ P²: om. FP¹   11 συνέθεντο P²: συνήθοντο P¹: συνήσθοντο F | ἕνα ἕκαστον scripsi: εἴ τι παρ' ἑνὸς ἑκάστου codd. | τι (ante δυνατός) FP¹: τις P²   13 μετὸν F | Ἡλίου scripsi: ἥλιον codd.   14 προπεπαιδοπεποιηκέναι P 15 πανωφελῆ Meineke: ἀνωφελῆ FP | καὶ om. Heeren   16 πολέ-

to the intent that in it the race of souls might through all time suffer punishment. 'And thereon', said Hermes, 'he sent for **26** me, and said, "Thou soul of my soul, and mind of my holy mind, . . .[1]"

. . . And God said,[2] 'How long shall the world below be gloomy to look **27** on? How long shall the things that have been made remain with none to praise them? Come now, summon to me forthwith all the gods in heaven.' And when they had come in obedience to his command, 'Look down', said God, 'on the earth and all things there below, ⟨and see how . . .⟩'. And the gods quickly understood[3] what their Sovereign wished to do; and when he spoke of the making of man, they agreed. And God asked each of them **28** in turn, 'What can you provide for the men that are about to be made?' Then the Sun said, 'I will shine . . .'[4] The Moon promised to give light after the Sun had run his diurnal course; and she said also that she had already given birth to Silence and Sleep. Kronos[5] announced that he had already become father of Penal Justice and Necessity. Zeus[6] said, 'In order that the tribe that is about to be may not be utterly destroyed by wars, I have already begotten Peace for them'. Ares[7] said he was already father of Struggle, Anger, and Strife. Aphrodite[8] delayed not, but said, 'And I, Master, will attach to them Love and Pleasure and Laughter'. And the Father was glad, my son, at what Aphrodite said. 'And I', said Hermes,[9] **29** 'will make mankind intelligent; I will confer wisdom on them, and make known to them the truth. I will never cease to benefit thereby the life of mortal men; and then above all will I benefit each one of them, when the force of nature working in him is in accord with the movement of the stars above.' And the Master was glad[10] when he heard these words; and he gave command that mankind should come into being.

. . . 'And I', said Hermes, 'sought to find out what material **30**

---

[1] Perhaps, '⟨make bodies in which the disobedient souls may be imprisoned⟩', or something to that effect.

[2] This passage (§§ 27-29) must be an extract from another document. The gods who speak in the council are the seven planets.

[3] Perhaps, 'quickly saw ⟨the desolation of the earth⟩, and understood '.

[4] Perhaps, ' I will shine upon them in the day-time, and . . .'.

[5] I. e. the planet Saturn.   [6] The planet Jupiter.   [7] The planet Mars.

[8] The planet Venus.   [9] The planet Mercury.

[10] Perhaps, ' was yet more glad '.

μοις ἀπόληται scripsi: πολεμῆσαι codd.   17 τὸ ἐσόμενον Patrit.: τὸ ἐσόμενων P: τῶν ἐσομένων F   19 ἐμέλησεν F   21 ὑπομένωσιν scripsi: ὑπομένουσαι codd. | ἐπὶ πλέον seclusit Wachsm.   22 ὁ πατὴρ addidi ('addiderim ὁ θεύς' Wachsm.) | τάδε P | καὶ del. Heeren   23 τῶν add. Heeren | ἔφη FP: εὐφυῆ Heeren et Wachsm.   24 παραθήσω scripsi: ἀναθήσω codd.   26 ὠφελῶν scripsi: ὠφελήσω codd.   26-27 Fortasse ⟨ζῷα γὰρ ἐμοὶ ἀνέθηκεν ὁ πατὴρ καὶ δημιουργὸς τὰ ἔμφρονα καὶ νοερά (sc. τοὺς ἀνθρώπους)   27 γε FP: τε Meineke | ἢ Wachsm.: καὶ FP   27-28 Fortasse ἢ τῶν ἐπικειμένων αὐτοῖς ἀστέρων κίνησις   29 Fortasse ἔχαιρεν ⟨⟨ἐπὶ (vel ἔτι) πλέον⟩⟩ (vide § 28 fin.)   30 τὸ (post φῦλον) F: τῶν P   31 Fortasse ('Ἐμὲ δή, φησὶν Ἑρμῆς, ἐκέλευσεν ὁ θεὸς τὰ σώματα πλάσαι') ἐγὼ δὲ ἐπεζήτουν ὕλην vel simile quid

ἐστὶ χρήσασθαι. καὶ παρεκάλουν τὸν μόναρχον· ὁ δὲ ταῖς
ψυχαῖς προσέταξε τοῦ κράματος τὸ λείψανον δοῦναι. καὶ
λαβὼν εὗρον αὐτὸ παντελῶς ξηρόν. ἔνθεν πολλῷ [πλείονι
τοῦ δέοντος] ἐχρησάμην ⟨εἰς⟩ κατάμιξιν ὕδατι, ⟨οὕτ⟩ως ⟨δὲ⟩
τὴν τῆς ὕλης σύστασιν νεαροποιήσας[θαι] [ὡς ἔκλυτον 5
παντάπασιν καὶ ἀσθενὲς καὶ ἀδύνατον τὸ πλασσόμενον εἶναι]
[ὡς μὴ πρὸς τῷ συνετὸν εἶναι ἔτι καὶ δυνάμεως ᾗ πεπληρω-
μένον] ἔπλασα· καὶ καλὸν ὑπῆρχέ ⟨⟨μου τὸ ἔργον⟩⟩, καὶ
ἐτερπόμην βλέπων [[μου τὸ ἔργον]]. καὶ [κάτωθεν] ἐπεκαλε-
σάμην τὸν μόναρχον θεωρῆσαι· ὁ δὲ καὶ εἶδε καὶ ἐχάρη, καὶ 10
τὰς ψυχὰς ἐκέλευσεν ἐνσωματισθῆναι.

31 αἱ δὲ τότε πρῶτον [[στυγνάσασαι]] κατακρίτους ἑαυτὰς
μαθοῦσαι ⟨⟨⟨ἐ⟩στύγνασαν⟩⟩. [ἐθαύμασα οὖν] ⟨λέξω δέ σοι⟩
καὶ τοὺς τῶν ψυχῶν λόγους.

32 [[πρόσεχε, τέκνον Ὧρε, κρυπτῆς γὰρ ἐπακούεις θεωρίας, 15
ἧς ὁ μὲν προπάτωρ Καμῆφις ἔτυχεν ἐπακούσας παρὰ Ἑρμοῦ
τοῦ πάντων ἔργων ὑπομνηματογράφου, παρὰ τοῦ πάντων
προγενεστέρου Καμήφεως, ὁπότε με καὶ τῷ τελείῳ μέλανι
ἐτίμησε, νῦν δὲ αὐτὸς σὺ παρ' ἐμοῦ.]]

33 ὅτε γάρ, ὦ [θαυμαστὲ] παῖ μεγαλόδοξε, ἔμελλον ἐγκατα- 20
κλείεσθαι τοῖς σώμασιν, αἱ μὲν [γὰρ] αὐτῶν αὐτὸ μόνον
ὠδύροντο καὶ ἐστέναζον, ⟨⟨αἱ δὲ ⟨καὶ ἀντε⟩πάλαιον,⟩⟩ [καὶ]
ὅνπερ τρόπον τῶν [γεγονότων] θηρίων τὰ ἐλευθέρ⟨ι⟩α δό[υ]λοις
πονηρῶν [μελήσει] τῆς συνήθους [καὶ φίλης] ἀποσπώμενα
ἐρημίας ⟨ἐπιχειρεῖ⟩ μάχεσθαι [καὶ στασιάζειν] [καὶ οὐχ 25
ὁμονοεῖν] πρὸς τοὺς κρατήσαντας αὐτῶν [καὶ στασιάζειν]
[ἀλλὰ καί, ἐὰν τύχῃ περιγενόμενα, θανάτῳ παρα⟨δί⟩δω[σου]σι
τοὺς αὐτοῖς ἐπιβάλλοντας]. [[αἱ δὲ παλαιῶν]] [ἔτριζον δίκην

34 ἀσπίδων.] ὀξὺ δὲ κωκύσασα ἑτέρα, [καὶ πρὸ τῶν λόγων ἱκανὰ
κλαύσασα,] καὶ πολλάκις ἄνω τε καὶ κάτω [τοὺς ⟨οἴ⟩ους 30
ἔτυχεν ἔχουσα] μεταφέρουσα ⟨τοὺς⟩ ὀφθαλμούς, " Οὐρανέ,
τῆς ἡμετέρας" εἶπεν "ἀρχὴ γενέσεως, ⟨⟨περιλαμπῆ τε
[ὀφθαλμοὶ θεῶν] ἄστρα, καὶ [[φῶς]] ἡλίου καὶ σελήνης ⟨⟨φῶς⟩⟩
ἀκοπίαστον⟩⟩ αἰθήρ τε καὶ ἀήρ, καὶ τοῦ μονάρχου [θεοῦ]
[χεῖρές τε καὶ] ἱερὸν πνεῦμα, [[περιλαμπῆ τε ὀφθαλμοὶ θεῶν 35
ἄστρα καὶ φῶς ἡλίου καὶ σελήνης ἀκοπίαστον,]] τὰ τῆς
ἡμετέρας ⌜ἀρχῆς⌝ σύντροφα· ὡς [ἀπάντων] ⟨⟨μεγάλων τε καὶ
λαμπρῶν⟩⟩ ἀποσπώμενα⟨ι⟩ ἄθλια πάσχομεν. ⌜πλέον οὐδ'
ὅτι⌝ ἀπὸ [[μεγάλων τε καὶ λαμπρῶν]] [καὶ] τοῦ ἱεροῦ περι-

I was to use;[1] and I called on the Sole Ruler, and he commanded the souls to hand over to me the residue of the mixture.[2] But when I received it, I found that it was quite dried up. I therefore used much water for mixing with it; and when I had thereby renewed the liquid consistency of the stuff, I fashioned bodies out of it. And the work of my hands was fair to view, and I was glad when I looked on it. And I called on the Sole Ruler to inspect it; and he saw it, and was glad; and he gave order that the souls should be embodied.'

Then first did the souls learn that they were sentenced; and 31 gloomy were their looks. I will tell you what the souls said; listen, my glorious son. When they were about to be shut up 33 in the bodies, some of them wailed and moaned, just that and nothing more; but some there were that struggled against their doom, even as beasts of noble temper,[3] when they are caught by the crafty tricks of cruel men, and dragged away from the wild land that is their home, strive to fight against those who have mastered them.[4] And another shrieked, and again and again 34 turning his eyes now upward and now downward,[5] said, 'O thou Heaven, source of our being, and ye bright-shining stars, and never-failing light of sun and moon; and ye, aether and air, and holy life-breath of Him who rules alone,[6] ye that have shared our home; how cruel it is that we are being torn away from things so great and splendid! . . . We are to be expelled from the holy atmosphere, and a place nigh to the vault of heaven,

[1] *Sc.* in making the bodies in which the souls were to be imprisoned.

[2] Perhaps, 'he gave command that the residue of the mixture should be handed over to me'. (It is the *second* mixture that is meant.)

[3] E. g. lions or elephants.   [4] Perhaps, 'And others writhed like asps'.

[5] I. e. looking at heaven and earth by turns.

[6] God's 'life-breath' is the atmosphere.

1-2 ταῖς ψυχαῖς secludendum?   4 εἰς κατάμιξιν scripsi : κατὰ μίξιν (κατὰ μίξας P²) codd. | οὕτως δὲ scripsi : ὡς codd.   5 νεαροποιήσας scripsi : νεαροποιήσασθαι codd.   7 πρὸς τὸ P   15-19 § 32 (πρόσεχε . . . ἐμοῦ) hinc ad initium excerpti transposui   16 καμήφις F : καμήφης P.   22 αἱ δὲ καὶ ἀντεπάλαιον huc a v. 28 transposui | καὶ ἀντεπάλαιον scripsi : παλαιῶν F : πλέον P   23 ἐλευθέρια scripsi : ἐλεύθερα codd.   23-24 δόλοις πονηρῶν scripsi (an δόλοις πονηροῖς?): δούλοις πονηρῶν FP¹ : δούλοις πονηροῖς P²   24 μελήσει F : μελλήσει P | καὶ φίλης F : τε καὶ φίλης P   26 καὶ στασιάζειν FP : om. edd.   27 παραδίδωσι scripsi : παραδώσουσι codd.   28 τοὺς P² : τοῖς FP¹   28-29 ἔτριζον δίκην ἀσπίδων seclusi (an scribendum αἱ δὲ ἐλύγιζον δίκην ἀσπίδων?)   30 οἵους scripsi : ὡς codd.   31 φέρουσα P   37 ἀρχῆς codd.: fortasse φύσεως | ὡς scripsi : ἂν codd.   38 ἀπο- σπώμεναι P² : ἀποσπώμενα FP¹   38-39 πλέον οὐδ' ὅτι F : πλέον δ' ὅτι P : 'num πλέον δ' ἔτι?' Wachsm. : an πλὴν οἶδ' ὅτι?

χύματος καὶ ⟨τόπου⟩ πλησίου ⟨τοῦ⟩ πόλου καὶ [ἐπὶ] τῆς
μακαρίας [μετὰ θεῶν] πολιτείας εἰς ἄτιμα καὶ ταπεινὰ οὕτως
35 ἐγκατειρχθησόμεθα σκηνώματα. [[τί ταῖς δυστήναις ἡμῖν
ἀπρεπὲς οὕτως πέπρακται; τί τῶν κολάσεων τούτων ἄξιον;]]
οἷαι τὰς δειλαίας ἡμᾶς [ἁμαρτίας] ⟨ἀνάγκαι⟩ περιμένουσιν·
οἷα [διὰ τὰ πονηρὰ τῶν ἐλπίδων] πράξομεν, ἵνα τῷ [ὑδαρεῖ
36 καὶ] ταχὺ διαλύτῳ σώματι πορίζωμεν τὰ ἐπιτήδεια. ⟨οἱ⟩
ὀφθαλμοὶ [τὰς οὐκέτι τοῦ θεοῦ ψυχὰς] χωρήσουσιν ὀλίγον,
καὶ [[παντελῶς μικρὸν]] τῷ ἐν τούτοις ⟨τοῖς⟩ ⟨⟨κύκλοις⟩⟩ ὑγρῷ
[καὶ] [[κύκλων]] ⟨⟨παντελῶς μικρὸν⟩⟩ τὸν ἑαυτῶν πρόγονον
οὐρανὸν ὁρῶσαι στενάξομεν ἀεί. [ἔστι δ᾽ ὅτε] καὶ ⟨βλέποντες
δ᾽⟩ οὐ βλέψομεν ⟨⟨ἄντικρυς⟩⟩· [ἔνθ⟨εν⟩ Ὀρφεύς "τῷ λαμπρῷ
βλέπομεν, τοῖς δ᾽ ὄμμασιν οὐδὲν ὁρῶμεν·"] ἀθλίαι⟨ς⟩ γὰρ
κατεκρίθη ⟨ἡ⟩μῖν ⟨σκότος⟩. [καὶ τὸ βλέπειν ἡμῖν οὐκ
[[ἄντικρυς]] ἐχαρίσθη, ὅτι χωρὶς τοῦ φωτὸς ἡμῖν τὸ ὁρᾶν οὐκ
ἐδόθη.] [⌈τόποι⌉ τοίνυν καὶ οὐκέτ᾽ εἰσὶν ὀφθαλμοί.] ὡς δὲ
καὶ τῶν συγγενῶν φυσ[σ]ώντων ἐν ἀέρι πνευμάτων ἀκού⟨ου⟩σαι
τλημόνως οἴσομεν ὅτι μὴ συμπνέομεν αὐτοῖς· οἶκος ⟨γὰρ⟩
ἡμᾶς ἀντὶ τοῦ μεταρσίου κόσμου τούτου ὁ βραχὺς περιμένει
37 καρδίας ὄγκος. ⟨⟨τί ταῖς δυστήναις ἡμῖν [ἀπρεπὲς οὕτως]
πέπρακται [τί] τῶν κολάσεων τούτων ἄξιον;⟩⟩ [[ἀεὶ δὲ
ἀπολύσας ἡμᾶς ἀφ᾽ ὧν εἰς οἷα κατέβημεν ἀπολεῖ τὸ λυ-
πεῖσθαι.]] ⟨ὦ⟩ δέσποτα καὶ πάτερ καὶ ποιητά, [εἰ] ⟨διὰ τί⟩
ταχέως οὕτως σῶν ἔργων ἠμέλησας; [[διάταξον ἡμῖν τινας
ὅρους.]] ἔτι κἂν βραχέων ἡμᾶς ἀξίωσον λόγων [ἕως ἔτι δι᾽
ὅλου τοῦ περιφανοῦς ἔχομεν βλέπειν κόσμου]. ⟨⟨διάταξον
ἡμῖν τινας ὅρους ⟨τῆς κολάσεως⟩·⟩⟩ ⟨⟨[α]εὶ δὲ ⟨. . .⟩,
ἐπιλήσας ἡμᾶς ἀφ᾽ ⟨οἷ⟩ων εἰς οἷα κατέβημεν ἀπόλγε το⟨ῦ⟩
λυπεῖσθαι.⟩⟩"
38 ἐπέτυχον, τέκνον Ὧρε, αἱ ψυχαὶ ταῦτα εἰποῦσαι· παρῆν
γὰρ [καὶ] ⟨ὁ⟩ μόναρχος, καὶ [[τάδε]] ἐπὶ τοῦ τῆς ἀληθείας
καθίσας θρόνου, ταῖς δεηθείσαις ἐφώνησεν ⟨⟨τάδε⟩⟩· [λόγοι
τοῦ θεοῦ.] [[Ἔρως ὑμῶν, ψυχαί, δεσπόσει καὶ Ἀνάγκη·
οἶδε γὰρ μετ᾽ ἐμὲ πάντων δεσπόται καὶ ταξίαρχοι.]] Ψυχαὶ

1 τύπου πλησίου τοῦ scripsi: πλουσίου codd. | ἐπὶ FP¹: ἀπὸ P²
1-2 Fortasse τῆς ⟨ἐκεῖ⟩ μακαρίας πολιτείας ⟨ἐκπεσοῦσαι?⟩ 2 καὶ
ταπεινὰ (aut ἄτιμα καὶ) secludendum? 3-4 τί ταῖς . . . ἄξιον hinc
ad § 37 init. transposui 5 οἶαι scripsi: ὃ καὶ FP¹: ὅσαι P²
| ἁμαρτίας FP¹: ἁμαρτίαι P² 6 οἶα scripsi: ὅσα P: ὅσαι F 6-7 οἷα
. . . ἐπιτήδεια secludendum? 8 ὀλίγον Meineke: ὀλίγα FP 9-10 καὶ
τῷ ἐν τούτοις τοῖς κύκλοις ὑγρῷ παντελῶς μικρὸν scripsi: καὶ παντελῶς

and from the blissful life we lived there, and to be imprisoned in habitations mean and base as these.[1]   Poor wretches that we **35** are, what hard necessities await us !   What hateful things we shall have to do, in order to supply the needs of this body that must so soon perish !   Our eyes will have little room to take things **36** in ; we shall see thin s only by means of the fluid which these orbs contain ; and when we see Heaven, our own forefather, contracted to small compass,[2] we shall never cease to moan. And even if we see, we shall not see outright ; for alas, we have been condemned to darkness.   And when we hear the winds, our kinsmen, blowing in the air, deeply shall we grieve that we are not breathing in union with them.   For dwelling-place, instead of this world on high, there awaits us a man's heart, a thing of little bulk.   Unhappy we !   What have we done to deserve such **37** punishments as these ?   O Master, thou that art our Father and our Maker, why hast thou so soon ceased to care for the works of thy hands ?   Even yet hold us of some account,[3] though it be but little.   Ordain some limits to our punishment ; and if . . . ,[4] make us forget what bliss we have lost, and into what an evil world we have come down, and so release us from our sorrow.'

   Thus spoke the souls, my son Horus ; and they obtained that **38** which they sought.   For the Sole Ruler came, and took his seat on the throne of truth, and spoke in answer to their prayer, saying : 'Ye souls, all ye that do obeisance to my unageing

---

[1] I.e. in earthly bodies.
[2] An object cannot be seen by bodily eyes unless an image of the object enters the eye or is formed it it; the image (of the sky, for instance) which presents itself to our sight must therefore be small enough to be contained within the eye.
[3] Or, ' permit us to plead with thee '.
[4] Perhaps, ' and if the sentence is irrevocable '.

μικρὸν τῶν ἐν τούτοις ὑγρῶν καὶ κύκλων codd. | An secludendum τῶν ἐν τούτοις ὑγρῶν καὶ κύκλων ?   **11** στενάξωμεν F   **12-13** ἔνθεν 'Ορφεὺς . . . ὁρῶμεν seclusit Heeren   **12** ἔνθεν Meineke : ἔνθ' FP   **13** ὕμασιν P   **13-14** ἀθλίαις γὰρ κατεκρίθη ἡμῖν σκότος scripsi : ἄθλιαι γὰρ κατεκρίθημεν codd.   **15** ἐχαρίσθη Canter : ἐχωρίσθη FP   **16** τύποι FP : ὑπαὶ Heeren : πόροι Meineke   **17** φυσώντων Wachsm. : φυσσώντων FP | ἀκούουσαι scripsi : ἀκοῦσαι codd.   **18** συμπνέομεν F : συμπνέμεν P   **20-21** τί ταῖς . . . ἄξιον huc a § 35 transposui   **23** δέσποτα καὶ secludendum ? | εἰ F : καὶ P   **27** εἰ δὲ scripsi : ἀεὶ δὲ FP : ἀλλ' Meineke : fortasse εἰ δὲ ⟨ἀμετάθετος ἡ καταδίκη⟩ vel simile quid scripsi : ὦν codd. | ἀπόλυε τοῦ Usener : ἀπολεῖ τὸ FP   **28** ἐπιλήσας Wachsm. : ἀπολύσας FP | οἵων scripsi : τάδε codd.   **30** ταῦτα   **31** ὁ add. Heeren   **32-33** Titulum λόγοι τοῦ θεοῦ habent FP : om. edd.   **32** λόγοι codd. : fortasse λόγος   **34** δεσπύται καὶ P : δεσπύται τε καὶ F

[δὲ], ὅσαι τὴν ἀγήρατόν μου σκηπτουχίαν θεραπεύετε,
⟨⟨ἐπέγνωτε δή⟨π⟩ου[ν] ὡς διὰ τὰ πρόσθεν πραχθέντα ὑμῖν
κόλασιν ταύτην ὑπομένετε [τὴν ἐνσωμάτωσιν].⟩⟩ ἴστε ⟨γὰρ⟩
ὡς ἕως μὲν ἀναμάρτητοι ἦτε, τὰ ⟨πλησίον⟩ τοῦ οὐρανοῦ
ᾠκεῖτε χωρία· ⟨ἐπ⟩εὶ δ' ἄρα τις ὑμῶν [τινος] ἤγγισε[ι] 5
μέμψις, ⟨⟨σπλάγχνοις καταδικασθεῖσαι⟩⟩ θνητοῖς, καὶ αὐταὶ
⟨τὸν τούτοις⟩ προσμεμοιρα[σ]μένον χῶρον [[σπλάγχνοις κατα-
δικασθεῖσαι]] ἐνοικήσετε, ⟨ὅπου⟩ ⟨⟨Ἔρως ὑμῶν [ψυχαὶ]
δεσπόσει καὶ Ἀνάγκη· οἴδε γὰρ μετ' ἐμὲ ⟨τῶν κάτω⟩ πάντων
39 δεσπόται καὶ ταξίαρχοι.⟩⟩ ⟨⟨ἀλλ' οὐκ [δὲ] εἰκῇ καὶ ὡς 10
ἔτυχεν ἐνομοθέτησα τὰς μεταβολὰς ὑμῶν· ἀλλ' ὡς ἐπὶ τὸ
χεῖρον ⟨. . .⟩ εἴ τι [δια]πράξετε ἄσχημον, οὕτως ἐπὶ τὸ
βέλτιον, εἴ τι βουλεύ⟨σ⟩εσθε τῆς ἑαυτῶν γενέσεως ἄξιον. ἐγὼ
γὰρ [καὶ οὖτις ἕτερος] ἐπόπτης αὐτὸς [καὶ ἐπίσκοπος] ἔσομαι·⟩⟩
κἂν μὲν ᾖ ὑμῶν μέτρια τὰ αἰτιάματα, τὸν ἐπίκηρον τῶν 15
σαρκῶν [συν]δεσμὸν καταλιποῦσαι πάλιν ἀστένακτοι τὸν
ἑαυτῶν ⸢οὐρανὸν⸣ ἀσπάσεσθε· εἰ δ' ἄρα τινῶν μειζόνων
ἁμαρτημάτων ἔσεσθε ⸢ποιητικαί⸣, [οὐ μετὰ τέλους καθήκοντος]
τῶν πλασμάτων προελθοῦσαι ⸢οὐρανὸν⸣ μὲν οὐκέτι οἰκήσετε,
οὐδ' αὖ σώματα ἀνθρώπων, ⟨εἰς⟩ ζῷα δ' ἄλογα μετα⟨βᾶσαι, 20
χαμαὶ⟩ πλανώμεναι ⟨τὸ⟩ λοιπὸν διατελέσετε."
40 τάδε εἰπών, ὦ τέκνον Ὧρε, πάσαις αὐταῖς ⸢ἐχαρίσατο
πνεύματα⸣, καὶ πάλιν ἐφώνησεν· "[[Ἄλλους δὲ εἰκῇ καὶ ὡς
ἔτυχεν ἐνομοθέτησε τὰς διαβολὰς ὑμῶν, ἄλλως ἐπὶ τὸ χεῖρον
εἴ τι διαπράξετε ἄσχημον, οὕτως ἐπὶ τὸ βέλτιον εἴ τι 25
βουλεύεσθε τῆς ἑαυτῶν γενέσεως ἄξιον· ἐγὼ γὰρ καὶ οὖτις
ἕτερος ἐπόπτης αὐτὸς καὶ ἐπίσκοπος ἔσομαι.]] [[ἐπίγνωτε δὲ
οὖν ὡς διὰ τὰ πρόσθεν πραχθέντα ὑμῖν κόλασιν ταύτην
41 ὑπομένετε τὴν ἐνσωμάτωσιν.]] ⟨. . . ἀρχ⟩ὴ τοίνυν [διαφορὰ]
[τῆς] παλιγγενεσίας ὑμῖν ἔσται ἡ τῶν σωμάτων [ὡς ἔφην] 30
διαφ⟨θ⟩ορά, [εὐεργεσία δὲ] καὶ ⟨τῆς⟩ πρόσθεν εὐδαιμονία⟨ς
ἀνανέωσις⟩ ἡ διάλυσις· τυφλωθήσεται δ' ὑμῶν ἡ φρόνησις,
[ἐάν τι ἀνάξιον ἐμοῦ δόξητε πράσσειν,] ὥστε φρονεῖν τὰ

---

1 θεραπεύεται P¹   2-3 ἐπέγνωτε . . . ἐνσωμάτωσιν huc a § 40 fin. trans-
posui   2 ἐπέγνωτε scripsi : ἐπίγνωτε codd. | δήπου scripsi (δὴ οὖν
Wachsm.) : δὲ οὖν FP   3 τὴν (ante ἐνσωμάτωσιν) F : καὶ P   4 ἦτε
scripsi : ἐστε codd.   5 ᾠκεῖτε scripsi : οἰκήσετε FP² : οἰκήσεται P¹
| ἐπεὶ scripsi : εἰ codd. | ἤγγισε scripsi : ἐγγίσει codd.   7 προσμε-
μοιραμένον scripsi : προσμεμοιρασμένον codd.   8 ἐνοικήσεται P¹
9-10 Fortasse οἴδε γὰρ [μετ' ἐμὲ] ⟨τῶν κάτω⟩ πάντων [δεσπόται καὶ] ταξίαρχοι
(an secludendum οἴδε . . . ταξίαρχοι ?)   10-14 ἀλλ' . . . ἔσομαι huc a § 40

sovereignty, you have learnt, methinks, that it is by reason of
the deeds which you have done before that you have to endure
this punishment. For you know that, as long as you were sinless,
you dwelt in the places nigh to heaven; but now that blame has
come upon you, you have been condemned to imprisonment
in the organs of mortal bodies, and must yourselves dwell in
the region assigned to them. And in that region Desire and
Necessity will be your masters; for it is they that, after me, **39**
are masters and captains of all things below. Howbeit, not at
random have I ordained the changes of your state; but as your
condition will be changed for the worse if you do aught unseemly,
so will it be changed for the better if you resolve on action
worthy of your origin. I myself will keep watch on you; and
if the charges against you shall be but slight, you shall be released
from the deadly bondage of the flesh, and, freed from sorrow,
shall greet again your home above. But if you shall be found
guilty of any greater sins, in that case, when you quit your bodily
frames, you shall not thereafter dwell in . . .,[1] nor yet in human
bodies, but you shall be transferred into the bodies of beasts,
and shall thenceforth continue to wander upon earth.'

Having said this, my son Horus, God gave . . . to[2] all the **40**
souls; and then he spoke again, and said, '. . . The destruction **41**
of your bodies then will be the starting-point for a rebirth, and
their dissolution, a renewal of your former happiness. But your
minds will be blinded, so that you will think the contrary, and

---

[1] MSS., 'in heaven'. But the sense required is 'in the atmosphere'.
[2] Perhaps, 'assigned bodies to'.

---

transposui   10 ἀλλ' οὐκ Patrit.: ἀλλ' οὐδὲ Canter: ἄλλους δὲ FP
10–11 καὶ ὡς ἔτυχεν secludendum?   11 ἐνομοθέτησα Patrit.: ἐνομοθέτησε F:
ὀνομοθέτησε P | μεταβολὰς (vel διανομὰς) Meineke: καταβολὰς Heeren:
διαβολὰς FP | ἀλλ' ὡς Patrit.: ἄλλως FP   12 Fortasse ⟨ἡ μεταβολὴ γενή-
σεται⟩   12–13 Fortasse ἐάν τι πράξητε . . . ἐάν τι βουλεύσησθε   12 πράξετε
scripsi: διαπράξετε F: διαπράξητε P   13 βουλεύσεσθε Meineke: βουλεύεσθε
F: βουλεύεσθαι P   14 καὶ ἐπίσκοπος del. Meineke   15 ἢ Meineke:
ἦν FP | αἱτιάματα Patrit.: αἰτιώματα FP   16 δεσμὸν scripsi: σύνδεσ-
μον codd. | ἀστένακτον P: an ὑστενακτί?   17 ἑαυτῶν F et P marg.:
ἐπ' αὐτὸν P | ἀσπάσεσθαι P   18 ἔσεσθαι P | ποιητικαί codd.:
fortasse ὑπόδικοι   19 προσελθοῦσαι P | οἰκήσεται P¹   20–21 μετα-
βᾶσαι, χαμαὶ πλανώμεναι scripsi: μεταπλανώμεναι codd.   21 τὸ add. Heeren
22–23 ἐχαρίσατο πνεύματα codd.: fortasse διέδωκε σώματα   23–27 ἄλλους . . .
ἔσομαι hinc ad § 39 transposui   27–29 ἐπίγνωτε . . . ἐνσωμάτωσιν hinc ad
§ 38 transposui   29 ἀρχὴ scripsi: ἡ codd.   30 ἢ τῶν om. P
31 διαφθορά scripsi: διαφορά codd.   31–32 εὐδαιμονίας ἀνανέωσις scripsi:
εὐδαιμονία codd.   32 Fortasse ἡ ⟨τοῦ πλάσματος (vel συστήματος)⟩ διάλυσις
| ἡμῶν P   33–1 infra: φρονεῖν τὰ ἐνάντια καὶ secludendum?

ἐναντία, καὶ τὴν μὲν κόλασιν ὡς εὐεργεσίαν ⌈ὑπομένειν⌉,
τὴν δὲ εἰς τὰ βελτίονα μεταβολὴν ⟨ὡς⟩ ἀτιμίαν [τε] καὶ
ὕβριν. αἱ δικαιότεραι δ' ὑμῶν καὶ τὴν εἰς τὸ ⌈θεῖον⌉ μετα-
βολὴν ἐκδεχόμεναι ⟨. . .⟩"

42 ⟨. . .⟩ εἰς μὲν ἀνθρώπους, βασιλεῖς δίκαιοι, φιλόσοφοι γνήσιοι, κτίσται καὶ 5
νομοθέται, μάντεις [οἱ] ἀληθεῖς, [ῥιζοτόμοι γνήσιοι], ἄριστοι προφῆται θεῶν,
μουσικοὶ ἔμπειροι, ἀστρονόμοι νοεροί, οἰωνοσκόποι σαφεῖς, ἀκριβεῖς θύται,
καὶ ὁπόσοι ἔς τι καλῶν κἀγαθῶν ἄξιοι. εἰς δὲ πτηνά, ἀετοί, διότι οὐδὲν ⟨οὗτοι⟩
τῶν ὁμογενῶν οὔτε ⌈ἐκβοήσουσιν⌉ οὔτε θοιν[ησ]ῶνται, ἀλλ' οὐδὲ [πλησίον
τούτων] ζῷον ἕτερον ἀσθενέστερόν τι αὐτῶν ἀδικεῖν ⌈ἀφεθήσεται⌉· ἐνδικω- 10
τάτη γὰρ ἡ τῶν ἀετῶν φύσις [μετελεύσεται]. εἰς δὲ τετράποδα, λέοντες·
ἰσχυρὸν γὰρ τὸ ζῷον, [καὶ φύσεως ἔτυχεν ἀκοιμήτου τρόπῳ τινι,] καὶ φθαρτῷ
σώματι τὴν ἀθάνατον γυμναζόμενον φύσιν· οὔτε γὰρ κάμνουσιν οὔτε κοιμῶνται.
εἰς δὲ ἑρπετά, δράκοντες, δυνατὸν ὅτι τὸ ζῷον, καὶ μακρόβιον, ἄκακόν τε, καὶ
φιλάνθρωπον οὕτως ⟨ὥσ⟩τε ⟨ἑνί⟩ους καὶ τιθασεύεσθαι, καὶ ἰὸν οὐκ ἔχει, 15
⟨ν⟩εάζει δὲ καὶ γηράσαν, καθάπερ φύσις ἡ θεῶν. ἐν δὲ νήχουσι, δελφῖνες·
συμπαθ[ησ]οῦσι γὰρ [καὶ] τοῖς εἰς πέλαγος ἐμπίπτουσιν οὗτοι, καὶ το⟨ὺς⟩ μὲν
ἐμπνοῦς διακομί⟨ζ⟩ουσιν εἰς γῆν, τῶν δὲ τελευτησάντων οὐδ' ὅλως ποτὲ
ἅπτονται, καίτοι φιλοβ⟨ο⟩ρωτάτου πάντων ὄντος τοῦ τῶν ἐνύδρων γένους.

τοσαῦτα ὁ θεὸς εἰπὼν ἀόρατος [νοῦς] γίγνεται. 20

43 τούτων οὕτως γενομένων, τέκνον Ὧρε, ἰσχυρότατόν τι ἀπὸ γῆς ἀνίσταται
πνεῦμα, ἀκατάληπτον μὲν περιοχῇ σώματος, δυνάμει δὲ φρονήσεως ὑπερ⟨έ⟩χον,
[ὁ] [[καίπερ εἶδος ὑπὲρ ὧν ἐπυνθάνετο]] τὸ σῶμα [[μὲν]] κατ⟨ὰ⟩ τύπον ἀνδρὸς
περικείμενον, καὶ καλὸν ⟨⟨μὲν⟩⟩ καὶ σεμνοπρεπὲς ὄν, ὑπερβολῇ δὲ ἄγριον καὶ

1 ὑπομένειν codd.: fortasse ὑπονοεῖν (an τὴν μὲν κόλασιν ὡς εὐεργεσίαν
[ ] ⟨προσίεσθαι⟩, τὴν δὲ ε. τ. β. μεταβολὴν ὡς ὕβριν ⟨φεύγειν vel φοβεῖ-
σθαι⟩)? 2 τε seclusi (an secludendum ἀτιμίαν τε καί?) 3 καί
(post ὑμῶν) F: κατά P 3-4 καὶ . . . ἐκδεχόμεναι secludendum?
| θεῖον codd.: fortasse βέλτιον 5 Fortasse ⟨αἱ εὐγενέσταται (vel
βασιλικαὶ) ψυχαὶ⟩ εἰς μὲν ἀνθρώπους ⟨εἰσελθοῦσαι γίγνονται⟩ ——— 5-6 For-
tasse βασιλεῖς δίκαιοι καὶ κτίσται καὶ νομοθέται, φιλόσοφοι γνήσιοι 6 οἱ
F: ἢ P: seclusit Wachsm. | ῥιζοτόμοι γνήσιοι aut delendum aut trans-
ponendum | ἄριστοι codd.: fortasse πιστοί | θεῶν secludendum?
7 Fortasse οἰωνοσκόποι σαφεῖς, ⟨ῥιζοτόμοι?⟩ ἀκριβεῖς [θύται] 8 ἔς τι
Usener: ἐστὲ codd. | ἄξιαι codd.: 'num ἄξιοι?' Wachsm. 9 ἐκβοή-
σουσιν FP: ἐκσοβήσουσιν Wachsm.: fortasse ἐξωθ[ησ]οῦσιν | θοινῶνται
scripsi: θοινήσονται codd. 10 αὐτῶν scripsi: αὐτοῦ FP | ἀφεθήσεται
codd.: fortasse ἐφίενται 10-11 ἐνδικωτάτη scripsi: ἐνδικατέρα FP
11 ἡ τῶν ἀρετῶν φύσις P 13 κάμνουσιν Patrit.: κάμνωσιν FP 15 οὕτως
. . . τιθασεύεσθαι secludendum? | ὥστε ἐνίους scripsi: τε οὖν FP | τιθα-
σεύεσθαι scripsi: τιθασευθήσεται codd. | οὐκ ἔχει scripsi: οὐχ ἕξει codd.
16 νεάζει scripsi (νεάσει Wachsm.): ἐάσει FP 17 συμπαθοῦσι scripsi:

will regard the punishment [1] as a boon, and the change to a better state [2] as a degradation and an outrage. But the more righteous [3] among you, those who look forward to the change . . .'

⟨Souls of the noblest kind,⟩[4] when they enter human bodies, become **42** righteous kings, founders of cities, and lawgivers, genuine philosophers, true diviners, trustworthy prophets, skilled musicians,[5] sage astronomers,[6] men that find sure omens in the flight of birds, priests exact in the rites of sacrifice,[7] and all kinds of men that are of high worth in any sort of work. When such souls enter the bodies of birds, they become eagles; because eagles neither drive away other creatures of their kind [8] nor devour them, and do not seek to wrong any other sort of animal that is weaker than themselves; for eagles are most righteous by nature. When they enter the bodies of quadrupeds, they become lions; for the lion is a strong beast, and one that trains itself to imitate with its mortal body the immortal nature of the gods, inasmuch as lions are never tired, and never sleep. When they enter the bodies of reptiles, they become dragons; for the dragon is a powerful animal, and long-lived; and it is harmless, and so friendly to man, that some dragons are even tamed by men; it has no venom; and it renews its youth when it has grown old, resembling the gods in this. And among the fishes,[9] such souls are dolphins; for dolphins take pity on men who fall into the sea; they convey the man to land if he is still alive, and they never even touch him if he is dead, though the race of fishes is voracious beyond all others.

And having thus spoken, God vanished from their sight.

When [10] these things had come to pass as I have told you, my son Horus, **43** there arose from the earth a mighty spirit, named Momus, who had a body of enormous bulk, and a mind of surpassing power. This spirit was clothed in a body of manly form; he was comely and stately to look on, but exceeding

---

[1] I. e. your life in the body.
[2] I. e. death.   [3] Possibly, 'the more right-thinking'.
[4] This paragraph has evidently been taken from another document, and inappropriately tacked on to God's speech to the souls.
[5] Perhaps the kind of music meant is chiefly the singing of hymns to the gods.
[6] Or 'astrologers'.   [7] Or possibly, 'unerring herbalists'.
[8] I. e. other birds.
[9] Or 'when they are in fish-bodies'.
[10] This passage (§§ 43–48) is another account of the making of men, and is inconsistent with the story told in §§ 24–41. Perhaps the words 'When these things . . . my son Horus', and the phrase 'as soon as he saw the souls entering into their bodily frames', were added to the passage by the man who inserted it into the *Kore Kosmu*.

συμπαθήσουσι codd.   17–18 τοὺς μὲν ἐμπνοῦς scripsi : τὰ μὲν ἐμπνοα codd.
18 διακομίζουσιν scripsi : διακομιοῦσιν codd.   19 ἅπτονται scripsi : ἅψονται codd. | φιλοβορωτάτου Meineke : φιλοβρωτάτου P : φιλοβρωτάτου (sed ω corr. in o) F : φιλοβορωτοτάτου P² | ὄντος scripsi : ἐσομένου codd.
20 ἀόρατος scripsi : ἄφθαρτος νοῦς codd.   21 τι ἀπὸ F : τε ἀπὸ P   22 Fortasse πνεῦμα (ᾧ ὄνομα Μῶμος) Meineke : ὑπάρχον codd. | περιοχῇ P² : περιοχῆς FP¹ | ὑπερέχον μὲν (post σῶμα) om. Patrit. | κατὰ τύπον Meineke : καὶ τύπον FP   23 εἶδὸς Wachsm. : εἶδος FP

πλῆρες φόβου· ὃ δὴ παραυτίκα τὰς ψυχὰς εἰσιούσας εἰς τὰ πλάσματα
θεωρῆσαν [ἂν], ⟪καίπερ εἰδὸς ὑπὲρ ὧν ἐπυνθάνετο,⟫ "Τίνες" ἔλεγεν "οὗτοι

44 καλοῦνται, ὦ Ἑρμῆ, θεῶν ὑπομνηματογράφε;" εἰπόντος δὲ "Ἄνθρωποι",
[ἔφης] ἔφη "Ὦ Ἑρμῆ, τολμηρὸν ἔργον ποιῆσαι τὸν ἄνθρωπον, περίεργον
ὀφθαλμοῖς ⟪μέλλον⟨τα⟩ εἶναι⟫, καὶ [λάλου γλώσσης] ἀκουστικὸν [[μᾶλλον 5
εἶναι]] [[καὶ]] τῶ⟨ν⟩ αὐτῷ μὴ προσηκόντων, ⟪καὶ⟫ λίχνον ⟨γεύσει, καὶ . . .⟩
ὀσφρήσει, καὶ μέχρι πάντων τῷ [τῆς ἁφῆς] ἁπτικῷ μέλλοντα καταχρᾶσ⟨θ⟩αι.
τοῦτον ἀμέριμνον καταλεῖψαι κέκρικας, ὦ γενεσιουργέ, τὸν ὁρᾶν μέλλοντα
τολμηρῶς τῆς φύσεως τὰ καλὰ μυστήρι; ἄλυπον ἐᾶσαι θέλεις τοῦτον, ⟨τὸν⟩
καὶ μέχρι [τῶν] περά⟨τω⟩ν γῆς τὰς ⌜ἑαυτοῦ⌝ μέλλ[ησ]οντα πέμπειν ἐπινοίας; 10

45 ⟪εἶτα [οὐ καὶ μέχρις οὐρανοῦ περίεργον ὁπλισθήσο⟨ν⟩ται τόλμαν οὗτοι;] οὐκ
[ἀμερίμνους] [ἐκτενοῦσιν] ἐπ[ε]ὶ [καὶ] τὰ στοιχεῖα [τὰς ψυχὰς αὐτῶν])⟫
⟪τολμηρὰς ἐκτε[ι]νοῦσι χεῖρας;⟫ ῥίζας φυτῶν ἀνασκάψουσιν ἄνθρωποι, καὶ
[ποιότητα⟨ς⟩ ἐξετάσουσι χυλῶν,] λίθων φύσεις ἐπισκοπήσουσι· καὶ διὰ μέσου
ἀνατεμ[ν]οῦσι τῶν ζῴων τὰ ἄλογα, οὐ μόνον ⟨δὲ ταῦτα⟩, ἀλλὰ καὶ ἑαυτούς, 15
⟨π⟩ῶς ⟨. . .⟩ ἐγένοντο ἐξετάζειν θέλοντες, ⟪καὶ τίς ἐνδοτέρω τῶν [ἱερῶν
ἀδύτων] ⟨. . .⟩ φύσις ὑπάρχει.⟫ [[τολμηρὰς ἐκτείουσι χεῖρας]] [καὶ μέχρι
θαλάσσης καὶ] τὰς αὐτοφυεῖς ὕλας τέμνοντες [μέχρι καὶ] [[τῶν πέραν]]
διαπορθμεύ⟨σ⟩ουσι[ν ἀλλήλους] ⟨θάλασσαν⟩ ἐπὶ ζήτησιν ⟪τῶν πέραν⟫ [[καὶ
τίς ἐνδοτέρω τῶν ἱερῶν ἀδύτων φύσις ὑπάρχει]]. ⟪⟨ὀρύσσοντες μέτ⟩αλλα 20
[καὶ τούτων] τὴν ἐσχάτην [τῷ θέλειν] ⟨τῶν ὑπογείων⟩ ἐρευνήσουσι νύκτα.⟫
⟪ἔτι μέτρια ταῦτα·⟫ ⟨καὶ⟩ τὰ [μέχρις] ἄνω διώξουσι, παρατηρῆσαι βουλόμενοι
τίς οὐ⟨ρα⟩ν⟨οῦ⟩ καθέστηκε κίνησις. [[ἔτι μέτρια ταῦτα.]] [λείπει γὰρ οὐδὲν
ἔτι πλὴν γῆς τόπος ἔσχατος.] [[ἀλλὰ καὶ τούτων τὴν ἐσχάτην τῷ θέλειν

46 ἐρευνήσουσι νύκτα.]] μηδὲν οὖν ἐμπόδιον ἔχωσιν οὗτοι, ἀλλὰ [τῷ τῆς 25
ἀληθείας ἀγαθῷ μυηθῶσι καὶ] τοῖς χαλεποῖς μὴ βιασθέντες τοῦ φόβου κέντροις
ἀμερίμνῳ βίῳ ⟨ἐν⟩τρυφήσωσιν; [[εἶτα οὐ καὶ μέχρις οὐρανοῦ περίεργον
ὁπλισθήσεται τόλμαν; οὗτοι οὐκ ἀμερίμνους ἐκτενοῦσιν ἐπεὶ καὶ τὰ στοιχεῖα
τὰς ψυχὰς αὐτῶν;]] δίδαξον ἐντεῦθεν ⌜ἐρᾶν τοῦ τί βουλεύεσθαι⌝ ⟨. . .⟩ [ἵνα
ἔχωσι καὶ τῆς ἀποτυχίας τὸ χαλεπὸν φοβηθῆναι,] ἵνα τῷ τῆς λύπης· δακνηρῷ 30
δαμασθῶσι, τῶν ἐλπιζομένων ἀποτυχόντες. χρεωκοπείσθω [τῶν ψυχῶν]
αὐτῶν τὸ περίεργον [ἐπιθυμίαις καὶ φόβοις καὶ λύπαις καὶ ἐλπίσι πλάνοις].
ἐπάλληλοι τὰς ψυχὰς αὐτῶν [ἔρωτες] νεμέσθωσαν ἐλπίδες ποικίλαι [ἐπι-

2 θεωρῆσαν, "τίνες" Wachsm.: θεωρῆσαι ἄν τινες FP | ἔλεγεν Heeren:
ἔλεγον FP 3 ὑπομνηματογράφε Heeren: ὑπομνηματογράφοι FP 4 ἔφης
(ante ἔφη) del. Heeren 5 μᾶλλον FP: μέλλοντα Wachsm. 6 τῶν
Patrit.: τῷ FP | λίχνον Patrit.: λίχνων FP 7 Fortasse ⟨τρυφερὸν⟩
ὀσφρήσει | καταχρᾶσθαι Heeren: καταχράσαι P: καταχράσαι F 9 τολμηρῶς

fierce and terrible. And as soon as he saw the souls entering into their bodily frames, he asked (though he well knew the answer to his question), 'What are these creatures called, Hermes, you record-writer of the gods?' 'They **44** are called *men*,' said Hermes. Then Momus said, 'Hermes, you are doing a rash thing in making man; for he is like to be a creature that sees with inquisitive eyes, and hears things he has no right to hear, and indulges greedily his sense of taste, and makes voluptuous use of his sense of smell,[1] and misuses to all extremes his sense of touch. Tell me, you that are the author of his being, is it your settled purpose to leave him free from care, this being that is going to look with audacious gaze upon the beauteous mysteries of nature? Is it your will to let him be exempt from sorrow, this man that is going to send forth his designing thoughts to the very ends of the earth? And if so, **45** will not men put forth audacious hands against the elements? They will dig up roots of plants, and investigate the properties of stones. They will dissect the lower animals,—yes, and one another also,—seeking to find out how they have come to be alive, and what manner of thing is hidden within . . . .[2] They will cut down the woods of their native land,[3] and sail across the sea to seek what lies beyond it. They will dig mines, and search into the uttermost darkness of the depths of the earth. And all this might be borne, but they will do yet more: they will press on to the world above, seeking to discover by observation the laws of movement of the heavens. Are they then to meet **46** with no impediment? Shall they never be overpowered by the cruel stings of fear, and shall they luxuriate in a life exempt from cares? Teach them henceforth to . . . .[4] ⟨Make them . . . ,⟩ that they may fail to get the things they hoped for, and be subdued by the pangs of grief. Let their presumptuous eagerness be disappointed of its expectations. Let their souls be a prey

---

[1] This probably refers to the use of scents and unguents.
[2] Perhaps, 'is hidden beneath the outer flesh'.   [3] *Sc.* to build ships.
[4] Perhaps, 'to keep their designs within the limits of what is fitting for them'.

---

secludendum?   10 μέχρι περάτων scripsi (μέχρι τῶν περάτων Wachsm.): μέχρι τῶν πέραν FP | τὰς ἑαυτοῦ Heeren: τὰ σεαυτοῦ FP | μέλλοντα scripsi: μελλήσοντα codd.   11-12 εἶτα . . . ψυχὰς αὐτῶν huc a § 46 transposui   11 καὶ om. P | ὁπλισθήσονται Heeren: ὁπλισθήσεται FP 12 ἐπὶ Heeren: ἐπεὶ FP | καὶ (ante τὰ στοιχεῖα) om. Heeren   13 ἐκτε-νοῦσι Heeren: ἐκτείνουσι FP | ἀνασκάψουσιν F: ἀνακάμψουσιν P 14 ποιότητας scripsi: ποιότητα codd. | καὶ (ante διὰ) secludendum? | μέσου scripsi: μέσον F: μέσων P   15 ἀνατεμοῦσι Heeren: ἀνατέ-μνουσι FP   16 πᾶς scripsi: ὡς codd. | Fortasse πῶς ⟨ἔμψυχοι⟩ ἐγένοντο   16-17 "καὶ τίς . . . ὑπάρχει num post θέλοντες transponenda?" Wachsm.   16 Fortasse ἐνδοτέρω τῶν σαρκῶν   19 διαπορθμεύσουσι θάλασσαν scripsi (διαπορθμεύσουσιν ἀλλήλων Heeren): διαπορθμεύουσιν ἀλλήλους codd.   20 ὀρύσσοντες μέταλλα scripsi: ἀλλὰ codd.   21 καὶ τούτων F: καὶ τοῦτον P | ἐρεύνησιν P   23 οὐρανοῦ Canter: οὖν FP   25 ἔχωσιν F: ἔχουσιν P   26 ἀληθείας F: ἀλυπίας P   27 ἐντρυφήσωσιν scripsi (an scribendum ἐντρυφῶσιν?): τρυφήσωσιν FP   27-29 εἶτα . . . ψυχὰς αὐτῶν hinc ad § 45 *init.* transposui   27 οὐ (post εἶτα) Canter: οὖ FP 29 τοῦ τί F: τουτὶ P | Fortasse ⟨μηδὲν π⟩έρα[ν] τοῦ π⟨ροσήκοντος⟩ βουλεύεσθαι   29-30 ἵνα ἔχωσι . . . . φοβηθῆναι seclusit Wachsm. 32 περίεργον codd.: fortasse περισσὸν ⟨τῆς . . .⟩ | πλάνοις Heeren: πλάνης F: πλάν (supra ν superscr. ς) P

θυμίαι], ποτὲ μὲν ἐπιτυγχάνουσαι, ποτὲ δὲ ἀτευκτοῦσαι, ἵνα αὐτοῖς καὶ ⟨τὸ⟩ τῆς ἐπιτυχίας ἡδὺ δέλεαρ ᾖ εἰς ἄθλησιν τελειοτέρων κακῶν. ⌜βαρείτω πυρετὸς αὐτούς, ἵνα ἐκκακήσαντες κολάσωσι τὴν ἐπιθυμίαν.⌝"

47 [λυπῇ, τέκνον Ὧρε, τάδε ⟨ἀκούων⟩; ⟨⟨καταπλήσσῃ⟩⟩ ἑρμηνευούσης σοι τῆς τεκούσης [οὐ θαυμάζεις] [οὐ] [[κατιιπλήσσῃ]] πῶς ὁ τάλας ἄνθρωπος ἐβαρήθη; 5 ⟨ἔ⟩τι δεινότερον ἐπάκουσον.]

48 ἐτέρπετο Μώμου ταῦτα λέγοντος Ἑρμῆς· ἐλέγετο γὰρ οἰκείως αὐτῷ τὰ εἰρημένα. [[καὶ ταῦτα ἔπραττεν ὅσα περ εἰρήκει]] [λέγων] "⟨Ὦ⟩ Μῶμε", ⟨ἔφη,⟩ [ἀλλ' οὐκέτ' ἀργὴ γενήσεται [πνεύματος θείου] φύσις ἡ τοῦ περι- έχοντος.] [εἶπε γὰρ εἶναί με ταμίαν καὶ προνοητὴν ὁ τῶν συμπάντων δεσπότης.] 10 [[ἐποπτετῆρα τοίνυν τὰ γῆς ἔσται τῶν ὅλων ὀξυδερκὴς θεὸς Ἀδράστεια.]] ⟨...⟩ καὶ τι κρυπτὸν ὄργανον ἐγὼ τεχνάσομαι, ἀπλανοῦς καὶ ἀπαραβάτου ⌜θεωρίας⌝ ἐχόμενον, ᾧ [τὰ ἐπὶ γῆς] ἀναγκαίως δουλαγωγηθήσεται πάντα τὰ ⟨τῶν ἀνθρώπων⟩ ἀπὸ γενέσεως ἄχρι φθορᾶς ἐσχάτης [[ἔχον τὴν ἀποτελου- μένων πῆξιν]]· πεισθήσεται δὲ τῷ ὀργάνῳ τούτῳ καὶ τὰ ἐπὶ γῆς ἄλλα πάντα." 15 εἶπεν Ἑρμῆς [ἐγὼ δὲ] ταῦτα τῷ Μώμῳ, ⟨⟨καὶ [ταῦτα] ἔπραττεν ὅσα περ εἰρήκει.⟩⟩ καὶ ἤδη τὸ ὄργανον ἐκινεῖτο· ⟨⟨ἐπόπτε⟨ι⟩[τη]ρα [τοίνυν τὰ γῆς] ⟨δ' ἐπ⟩έστη τῶν ὅλων ὀξυδερκὴς θεὸς Ἀδράστεια,⟩⟩ ⟨⟨ἔχο⟨σα⟩ τὴν ⟨τῶν⟩ ἀποτελουμένων πῆξιν.⟩⟩

49 ταῦτα δὲ ὡς ἐγένετο, καὶ ἐνεσωματίσθησαν αἱ ψυχαί, 20 [καὶ ἐπαίνου ὑπὲρ τῶν γενομένων αὐτὸς ἔτυχεν,] ⟨...⟩

50 [[πάλιν ὁ μόναρχος σύγκλητον τῶν θεῶν ἐποίησε συνέδριον. καὶ οἱ θεοὶ παρῆσαν, καὶ πάλιν αὐτὸς ταῦτα οὕτως ἐφώνησε, " Θεοί" λέγων, "ὅσοι τῆς κορυφαίας, ὅσοι καὶ ἀφθάρτου φύσεως τετεύχατε, οἳ τὸν μέγαν αἰῶνα διέπειν ἐς ἀεὶ κεκλή- 25 ρωσθε, οἷς αὐτὰ ἑαυτοῖς ἀντιπαραδιδόντα οὐδέποτε κοπιάσει τὰ σύμπαντα, μέχρι πότε τῆς ἀνεπιγνώστου ταύτης δεσπό- σομεν ἡγεμονίας; μέχρι πότε ἀθεώρητα γενήσεται ταῦτα ἡλίῳ καὶ σελήνῃ; ἕκαστος ἡμῶν ἐφ' ἑαυτῷ γεννάτω. ἀπαλείψωμεν τῷ δύνασθαι τὴν ἔτι ἀργὴν σύστασιν ταύτην. 30 ἄπιστος τοῖς μεταγενεστέροις μῦθος δὲ δοξάτω χάος εἶναι. ἔργων ἅπτεσθε μεγάλων, ἐγὼ δ' αὐτὸς ἄρξομαι πρῶτος." εἶπε, καὶ εὐθέως κοσμικῶς τῆς ἔτι μελαίνης ἑνώσεως διάστασις ἐγένετο· καὶ]]

51 [[ἐφάνη μὲν οὐρανὸς ἄνω συγκεκοσμημένος τοῖς ἑαυτοῦ 35 μυστηρίοις πᾶσι· κραδαινομένη ἔτι γῆ ἡλίου λάμψαντος ἐπάγη, καὶ ἐφάνη πᾶσι τοῖς περὶ αὐτὴν συγκεκοσμημένοις καλοῖς. καλὰ γὰρ τῷ θεῷ καὶ τὰ θνητοῖς εἶναι νομιζόμενα

to a succession of varying hopes, sometimes fulfilled and at other times
frustrated, so that even the sweetness of attainment may be but a bait to lure
the wretches on to more unmitigated miseries. . . .'[1]

Hermes was pleased by what Momus said; for it was said in friendliness 48
to him.[2] 'Momus,' said he, ' . . . and I will devise a secret engine,[3] linked
to unerring and inevitable fate, by which all things in men's lives, from their
birth to their final destruction, shall of necessity be brought into subjection ;
and all other things on earth likewise shall be controlled by the working
of this engine.' So said Hermes to Momus; and he did even as he had said.
And when the engine began to work, the keen-eyed goddess Adrasteia took
her stand above to supervise the whole, having in her hands the confirmation
of all that was wrought by the working of the engine.

And when these things had come to pass, and the souls had 49
been embodied, . . .[4]

---

[1] Perhaps, 'Let them be scorched by the flame of desire, that so they may
lose heart, and be (the more severely?) punished'.
[2] Perhaps, 'for he thought there was good reason in it'.
[3] Viz. the system of the stars.
[4] Between § 49 and § 53 might perhaps be placed § 47 : 'Are you grieved,
my son Horus, when you hear this? Are you dismayed, when your mother
describes to you the miseries by which unhappy man was oppressed? You
must hear something yet more terrible.'

---

1 ἀτευκτοῦσαι Meineke: ἀπευκτοῦσαι FP   2 ἡδὺς P | εἰς ἄθλησιν
secludendum? An scribendum ἵνα [αὐτοῖς] . . . δέλεαρ ᾖ τοῖς ἀθλίοις?
2-3 Fortasse καιέτω αὐτοὺς τὸ πῦρ τῆς ἐπιθυμίας, ἵνα . . . κολασθῶσι   6 ἔτι
scripsi: τὸ codd.   7 οἰκείως codd.: fortasse εἰκύτως vel ἐπιτηδείως
9 οὐκέτ' ἀργὴ Usener: οὐκ ἐναργῆ FP   10 με ταμίαν Canter: μετὰ μίαν FP
| Fortasse ταμίαν ⟨⟨πνεύματος θείου⟩⟩ | προνοητὴν F : προνοητικὴν P
| Fortasse προνοητὴν ⟨τῶν ἐπὶ γῆς⟩   13 θεωρίας codd.: fortasse ἀνάγκης
| ἀναγκαίας om. Heeren, nescio an recte   14 ἐσχάτης secludendum?
16 εἶπεν. Patrit.: εἶπον FP | ἐγὼ δὲ del. Heeren   17 ἐπόπτειρα
Meineke: ἐποπτετῆρα FP   18 δ' ἐπέστη scripsi: ἔσται codd. | ἔχουσα
scripsi: ἔχον codd. | τῶν (post τὴν) add. Wachsm.   19 ἀποτελουμένων
codd.: fortasse ἀποτελεσμάτων   20 ἐνεσωματίσθησαν Canter : ἐνεση-
ματίσθησαν P: ἐνεμβατίσθησαν F   21 ἔτυχεν Heeren: ἔτυχον FP
22-34 § 50 (πάλιν ὁ μόναρχος . . . ἐγένετο καὶ) hinc transposui: vide post § 8
(p. 460)   35-2 infra: § 51 (ἐφάνη . . . κινούμενα) hinc transposui : vide
ante § 14 (p. 464)

φαῦλα, ὅτι δὴ τοῖς τοῦ θεοῦ νόμοις δουλεύειν ἐποιήθη.
ἔχαιρε δὲ ὁ θεὸς ὁρῶν ἤδη ἑαυτοῦ τὰ ἔργα κινούμενα.]]

52 [[πληρώσας δὲ τὰς ἰσοστασίας χεῖρας τῷ περιέχοντι τῶν
ἐκ τῆς φύσεως ὑπαρχόντων, καὶ τὰς δράκας καρτερῶς
σφίγξας, " Λάβε," εἶπεν, " ὦ ἱερὰ γῆ, λάβε, πάντιμε καὶ 5
εἶναι γεννήτειρα μέλλουσα πάντων, καὶ μηδενὶ ἐντεῦθεν
λείπεσθαι δόκει." εἶπεν ὁ θεός, καὶ τὰς χεῖρας, οἵας δεῖ
θεὸν ἔχειν, ἁπλώσας πάντα ἀφῆκεν ἐν τῇ τῶν ὄντων
συστάσει.]]

53 [καὶ ἄγνωστα μὲν ἦν κατ' ἀρχὰς παντάπασι.]   10
  νεωστὶ γὰρ αἱ ψυχαὶ καθειρχθεῖσαι [καὶ τὴν ἀτιμίαν μὴ
φέρουσαι] [[τοῖς ἐν οὐρανῷ θεοῖς ἐφιλονείκουν, τῆς ἑαυτῶν
εὐγενείας περικρατοῦσαι καὶ ἀντιλαμβανόμεναι, ὡς καὶ αὐταὶ
τοῦ αὐτοῦ ἔτυχον δημιουργοῦ,]] ἐστασίαζον· καὶ ⟨οἱ κρείσ-
σονες⟩, τοῖς λειπομένοις ἀνθρώποις ὀργάνοις χρώμενοι, 15
ἐποίουν αὐτοὺς ἑαυτοῖς ἐπιτίθεσθαι καὶ ἀντιτάσσεσθαι, καὶ
πολεμεῖν ἀλλήλοις. καὶ [οὕτως ἡ [μὲν] ἰσχὺς κατὰ τῆς
ἀσθενείας μέγα ἠδύνατο, ὥστε] οἱ ἰσχυροὶ τοὺς ἀδυνάτους
καὶ ⌈ἔκαιον⌉ καὶ ἐφόνευον, καὶ [κατὰ τῶν ἱερῶν] τοῦτο μὲν
ζῶντας ⟨ἠνδραπόδιζον⟩, τοῦτο δὲ καὶ νεκροὺς ἔρριπτον 20
⟨ἀθάπτους⟩ [κατὰ τῶν ἀδύτων].

54 ⟨⟨πολλοῦ δὲ ἤδη γενομένου τοῦ κακοῦ,⟩⟩ [ἕως] ἀγανακτή-
σαντα τὰ στοιχεῖα τῷ μονάρχῳ θεῷ ἐντυχεῖν ἐδοκίμαζον
ὑπὲρ τῆς τῶν ἀνθρώπων ἀγρίου πολιτείας· [[πολλοῦ δὲ ἤδη
γενομένου τοῦ κακοῦ]] [τὰ στοιχεῖα] ⟨καὶ⟩ τῷ ποιήσαντι αὐτὰ 25
[τῷ θεῷ] προσελθόντα τοιούτοις λόγοις [ὑπὲρ μέμψεως]
ἐχρήσαντο.

55 καὶ δὴ ⟨⟨τὸ πῦρ, πρῶτον⟩⟩ ⟨γὰρ⟩ [καὶ] εἶχε τὴν τοῦ λέγειν
ἐξουσίαν [[τὸ πῦρ πρῶτον]], " Δέσποτα " [δὲ] ἔλεγε " καὶ
τοῦ καινοῦ τούτου κόσμου τεχνῖτα, ⟨οὗ⟩ καὶ [[κρυπτὸν]] 30
⟨⟨σεβαστὸν ⟨τὸ⟩ ὄνομα⟩⟩ ἐν θεοῖς καὶ ⟨⟨κρυπτὸν⟩⟩ [[σεβαστὸν
ὄνομα]] [μέχρι νῦν ἅπασιν] ἀνθρώποις, μέχρι πότε [ὦ δαῖμον]
ἄθεον καταλεῖψαι τὸν θνητῶν βίον προ[σ]αίρεσιν ἔχεις ; ⟨⟨οὐκ
ἐῶσί με ⌈μένειν⌉ εἰς ὃ πέφυκα, παραχαράσσοντες οὐ καθη-
κόντως τὸ ἄφθαρτον·⟩⟩ ⟨⟨μ(ι)αίνομαι γάρ, ὦ δέσποτα, [μέχρι 35
νῦν,] καὶ ὑπὸ τῆς τῶν [γενομένων] ἀνθρώπων [ἀθέου] τόλμης

56 σάρκας ἀναγκάζομαι τήκειν.⟩⟩ ἀνάδειξον ἤδη σεαυτὸν χρή-
[ματι]ζοντι τῷ κόσμῳ, καὶ τοῦ βίου τὸ ἄγριον λῦ[η]σον.
[[εἰρήνῃ χάρισο νόμους τῷ βίῳ. χάρισαι νυκτὶ χρησμούς.

For when the souls had but recently been imprisoned, they **53** began to quarrel among themselves; and the stronger men used the weaker as tools, and made them attack each other, and array themselves in hostile ranks, and make war on one another. And the strong ...[1] and slew the powerless; and they enslaved the living, and cast out the dead unburied.

But when the mischief had grown great, the Elements were **54** indignant, and resolved to make petition to God, who rules alone, concerning the savage conduct of mankind. And they approached their Maker, and addressed him as follows.

Fire was permitted to speak first, and said, 'Master, and **55** Fabricator of this new universe, thou whose name is revered among the gods and hidden from men, how long is it thy purpose to leave the life of mortals godless? These men do not let me render the services for which my nature fits me; they put a false and unmeet stamp on my imperishable being. I am polluted, Master, and by men's audacity I am forced to consume human flesh. Reveal thyself at once to the world that needs thee, and **56**

---

[1] Perhaps, 'tortured' or 'mutilated'.

3-9 § 52 (πληρώσας . . . συστάσει) hinc transposui: vide post § 13 (p. 462) 12-14 τοῖς . . . δημιουργοῦ hinc ad § 24 (p. 470) transposui   15 λοιπο-μένοις P | χρώμενοι scripsi: χρώμεναι codd.   16-17 καὶ πολεμεῖν ἀλλήλοις secludendum?   19 ἔκαιον codd.: fortasse ἥκιζον | κατὰ τῶν ἱερῶν seclusit Wachsm.   21 κατὰ τῶν ἀδύτων del. Heeren   22-23 ἀναγ-κασθήσονται P   24 ὑπὲρ . . . πολιτείας secludendum?   26 τῷ θεῷ del. Usener   30-31 'an κρυπτὸν et σεβαστὸν inter se mutanda?' Wachsm.   33 προαίρεσιν Heeren: πρὸς αἵρεσιν FP   33-37 οὐκ . . . ἄφθαρτον et μιαίνομαι . . . τήκειν huc a § 56 fin. transposui   34 με scripsi: τε codd. | μένειν codd.: fortasse ὑπηρετεῖν   35 μιαίνομαι Canter: μαίνομαι FP 37 ἀνάδειξον scripsi: ἀνάτειλον codd.   37-38 χρήζοντι Usener: χρηματί-ζοντι codd.   38 λῦσον scripsi (an ⟨κατά⟩λυσον?): μήσον codd.

πλήρωσον καλῶν ἐλπίδων πάντα.]] φοβείσθωσαν ἄνθρωποι
τὴν ἀπὸ θεῶν ἐκδικίαν, καὶ οὐδεὶς ἁμαρτήσει. [ἐπαξίους
ἁμαρτημάτων μισθοὺς ἂν ἀπολάβωσι⟨ν οἱ ἁμαρτόντες⟩, φυλά-
ξονται οἱ λοιποὶ τὸ ἀδικεῖν.] [φοβηθήσονται ὅρκους, καὶ
οὐδὲ εἷς ἔτι ἀνόσιον φρονήσει.] ⟨⟨εἰρήνην χαρισάμενος τῷ 5
βίῳ [χάρισαι νυκτὶ χρησμούς] πλήρωσον καλῶν ἐλπίδων
πάντα·⟩⟩ ⟨καὶ⟩ μαθέτωσαν εὐεργετηθέντες εὐχαριστῆσαι, ἵνα
[χαῖρον] [παρὰ λοιβαῖς] παρὰ θυσίαις ὑπηρετ⟨οῦν⟩ ἐγὼ τὸ
πῦρ [ἵν'] εὐώδεις ἀτμοὺς ἀπ' ἐσχάρας προπέμψω σοι.
[[μαίνομαι γάρ, ὦ δέσποτα, μέχρι νῦν, καὶ ὑπὸ τῆς τῶν 10
γενομένων ἀνθρώπων ἀθέου τόλμης σάρκας ἀναγκάζομαι
τήκειν.]] [[οὐκ ἐῶσί τε μένειν εἰς ὃ πέφυκα, παραχαράσ-
σοντες οὐ καθηκόντως τὸ ἄφθαρτον.]]"

57 ὁ δὲ ἀήρ "Καὶ αὐτὸς θολοῦμαι, δέσποτα," ἔλεγε, "[καὶ]
ἀπὸ ⟨τῆς ἐκ⟩ τῶν νεκρῶν [σωμάτων] ἀναθυμιάσεως, νοσώδης 15
τέ εἰμι, καὶ ⟨⟨οὐκέτι⟩⟩ ὑγιεινός [[οὐκέτι]]· ἐφορῶ τε ἄνωθεν οἷα
μὴ θέμις ὁρᾶν."

58 ὕδωρ ἑξῆς, ὦ παῖ μεγαλόψυχε, τὴν τοῦ λέγειν εἶχεν
ἐξουσίαν, καὶ ἔλεγεν οὕτως· "Πάτερ [καὶ θαυμαστὲ ποιητὰ
πάντων] αὐτογόνε [δαῖμον] καὶ τῆς διὰ σὲ πάντα γεννώσης 20
ποιητὰ φύσεως, ἤδη ποτὲ [ὦ δαῖμον] [[ἀεὶ]] ῥεῖθρα [ποταμῶν]
⟨τἀμὰ⟩ καθαρὰ πρόσταξον εἶναι· [ἢ] ⟨⟨ἀεὶ⟩⟩ γὰρ ἀπολούουσι
ποταμοὶ καὶ θάλασσαι τοὺς φονεύσαντας [ἢ] ⟨καὶ⟩ δέχονται
τοὺς φονευθέντας."

59 γῆ παρῆν περίλυπος ἑξῆς, καὶ ⌜τάξομαι τῆς ἀπὸ τῶν 25
λόγων⌝, ὦ παῖ μεγαλόδοξε, οὕτως λέγειν ἤρξατο· "Βασιλεῦ
καὶ ⟨⟨πάτερ⟩⟩, τῶν οὐρανίων πρύτανι [καὶ δέσποτα] ἀψίδων,
⟨καὶ⟩ στοιχείων ἡμῶν ἡγεμὼν [[πάτερ]] τῶν σοι παρεστώτων,
ἐξ ὧν [αὐξήσεως καὶ μειώσεως] ἀρχὴν ἔχει τὰ πάντα, εἰς ἃ
καὶ πάλιν καταλήγοντα ἀναγκαίως ὀφειλόμενον τέλος ἔχει· 30
[ἀλόγιστος, ὦ πολυτίμητε, καὶ ἄθεος] [[ἀπ' ἀνθρώπων ἐπ' ἐμὲ
χορὸς ἔπεστι]] [χωρῶ δ' ἐγὼ καὶ φύσιν πάντων] ⟨⟨στοιχείων
τιμιωτέραν τῶν ἄλλων τὴν γῆν [μετ]ἐποίησας·⟩⟩ αὐτὴ γάρ, ὡς
σὺ προσέταξας, καὶ φέρω πάντα καὶ [τὰ φονευθέντα] δέχομαι.

60 ἀτιμοῦμαι δὲ ἤδη· [ὁ ἐπὶ πάντων] [[ὁ ἐπιχθόνιός σου κόσμος 35

2 ἁμαρτήσει Patrit.: ἐκαρτήσει FP: ἐγκακήσει Meineke   4 φοβηθήσονται
codd.: fortasse φοβείσθωσαν   5 εἰρήνην χαρισάμενος scripsi: εἰρήνῃ· χάρισο
νόμους FP   6 ἐλπίδων secludendum?   7 πάντα F: πάντα corr. ex
πάντων P   8 ὑπηρετοῦν ἐγὼ scripsi: ὑπηρετήσω codd.   9 ἀτμοὺς F:

put an end to the savagery of human life. Let men be taught to fear the penal justice of the gods, and then no man will sin. Bestow peace on mankind, and thereby fill the world with goodly hopes; and let them learn to give thanks to thee for thy benefits, that so I, the Fire, may render service at their sacrifices, and send up fragrant vapours to thee from the altar-hearth.'

Then spoke Air, and said, 'I too, Master, am made turbid 57 by the reek which rises from the corpses, so that I breed sickness, and have ceased to be wholesome; and when I look down from above, I see such things as ought never to be seen'.

Next, my magnanimous son, Water was given leave to speak, 58 and spoke thus: 'O Father, self-begotten, and Maker of Nature, that power which generates all things to give thee pleasure, it is high time for thee to give command that my streams be kept pure; for the rivers and seas are ever washing off the defilement of the slayers, and receiving the corpses of the slain.'

Next Earth stood forth, in bitter grief; and ...,[1] my glorious 59 son, she thus began: 'O King and Father, President of the over-arching spheres of heaven, and Governor of us, the Elements, that stand before thee, us out of whom all things get their beginning, and into whom they are resolved again when they cease to be, and reach their end, paying a debt that must be paid;[2] thou didst make Earth more highly honoured than the other Elements; for it is I that, as thou hast commanded, both bring forth all things and receive them back into me. But now, 60

---

[1] Perhaps, 'when she in turn was given leave to plead'.

[2] Perhaps, (omitting the words 'and reach . . . be paid') 'out of which all things (i.e. all organized bodies) are formed by composition when they begin to be, and into which they are resolved again when they cease to be'.

αὐτὰρ P   15 τῆς ἐκ addidi (τῆς ἀπὸ add. Usener)   16 οἷα scripsi: ὅσα codd.   17 μὴ Heeren: με FP¹: οὐ P² marg.   20 αὐτόγονε Meineke: αὐτόγενε FP¹: αὐτογενὲς P² | δαῖμον om. Patrit. | καὶ τὴν διὰ I·¹ | διὰ σὲ secludendum?   25–26 Fortasse ἀξιουμένη (vel ἀξιωθεῖσα) καὶ αὐτὴ λόγου ('num ἀξιουμένη τῆς ἀπολογίας?' Wachsm.): τάξίωμα τῶν ὅλων ('desiderium omnium elementorum') coni. Usener   28 ἡμῶν ἡγεμὼν codd.: fortasse ἡμῶν δέσποτα   30 καταλήγοντα codd.: fortasse διαλυόμενα | ἀναγκαίως codd.: fortasse ἀνάγκῃ (an secludendum ἀναγκαίως ὀφειλόμενον?) 31–32 ἀπ' ἀνθρώπων . . . ἔπεστι hinc ad § 60 transposui   32 καὶ φύσιν πάντων codd.: fortasse τὰ φύσει ⟨γιγνόμενα⟩ πάντα   32–33 στοιχείων . . . ἐποίησας huc a § 61 transposui   33 ἐποίησας scripsi (an scribendum ἐμὲ ἐποίησας?): μετεποίησαν codd.   34 Fortasse σὺ ⟨⟨ὁ ἐπὶ πάντων⟩⟩ προσέταξας | τὰ φονευθέντα seclusi (an scribendum [τὰ] διαλυθέντα?) 35–1 infra: ὁ ἐπιχθόνιος . . . οὐκ ἔχει hinc ad § 61 transposui

πεπληρωμένος θεὸν οὐκ ἔχει]] ⟨⟨. . . ἀπ' ἀνθρώπων ἐπ' ἐμὲ
⌜χορὸς⌝ ἐπέστη⟩⟩. πάντα γάρ, ὃ φοβηθῶσιν οὐκ ἔχοντες,
παρανομοῦσι· καὶ κατ' ἐμῶν, ὦ κύριε, ⌜τενόντων⌝ ⟨πεδίων⟩
πάσῃ πονηρᾷ τέχνῃ ⟨φονευόμενοι⟩ καταπίπτουσι, κατα-
βρέχομαι δὲ πᾶσα διαφθειρομένω⟨ν⟩ σωμάτων χυλοῖς. 5

61 ἐντεῦθεν, κύριε, ⟨ἐπεὶ⟩ [καὶ] τοὺς οὐκ ἀξίους ἀναγκάζομαι
χωρεῖν, χωρῆσαι θέλω μεθ' ὧν φέρω πάντων καὶ θεόν. ⟨μέχρι
πότε⟩ ⟨⟨ὁ ἐπιχθόνιός σου κόσμος, ⟨θνητῶν⟩ πεπληρωμένος,
θεὸν οὐκ ἔχει ;⟩⟩ χάρισαι τῇ γῇ, κἂν [οὐ] ⟨μὴ⟩ σεαυτόν, οὐ
γὰρ σὲ χωρεῖν ὑπομένω, ⟨ἀλλὰ⟩ σαυτοῦ ⟨γέ⟩ τινα ἱερὰν 10
ἀπόρροιαν. [[στοιχείων τιμιωτέραν τῶν ἄλλων τὴν γῆν
μετεποίησαν.]] [μόνῃ γὰρ αὐχεῖν τῶν ἀπὸ σοῦ πρέπει τὰ
πάντα παρεχούσῃ.]"

62   τοσαῦτα μὲν τὰ στοιχεῖα εἶπεν· ὁ δὲ θεός, ἱερᾶς [ἐν τῷ
λέγειν] φωνῆς τὰ σύμπαντα πληρώσας, " Πορεύεσθε," εἶπεν, 15
" ἱερὰ καὶ μεγάλου πατρὸς ἄξια τέκνα, καὶ κατὰ μηδένα
τρόπον νεωτερίζειν ἐπιχειρεῖτε, μηδὲ ἀργὸν τῆς ἐξ ὑμῶν
ὑπηρεσίας τὸν σύμπαντά μου κόσμον καταλείπετε. ἑτέρα
γὰρ ἐν ὑμῖν τις ἤδη ⟨κατοικήσει⟩ τῆς ἐμῆς ἀπόρροια φύσεως,
ὃς δὴ καὶ ὅσιος ἔσται τῶν πραττομένων ἐπόπτης, καὶ ζώντων 20
μὲν κριτὴς ἀμεθόδευτος, φρικτὸς δ⟨ὲ⟩ [οὐ μόνον ἀλλὰ καὶ
τιμωρὸς] τῶν ὑπὸ γῆν τύραννος· [καὶ] ἑκάστῳ δὲ τῶν ἀνθρώ-
63 πων ἀκολουθήσει ⌜διὰ γένους⌝ μισθὸς ἐπάξιος." καὶ
οὕτως ἐπαύσατο τῆς ἐντυχίας τὰ στοιχεῖα [[τοῦ δεσπότου
κελεύσαντος]] καὶ ἐχεμυθίαν εἶχεν· καὶ ⟨⟨τοῦ δεσπότου 25
κελεύσαντος⟩⟩ ἕκαστον αὐτῶν τῆς ἰδίας ἐξουσίας ἐκράτει [καὶ
ἐδέσποζε].—

64   καὶ ἐκ τούτου εἶπεν Ὧρος· Ὦ τεκοῦσα, πῶς οὖν τὴν τοῦ
θεοῦ ἀπόρροιαν ἔχειν εὐτύχησεν ἡ γῆ ;—καὶ εἶπεν Ἶσις·
Παραιτοῦμαι [[γένεσιν ἱστορεῖν]] [[οὐ γὰρ θεμιτὸν]] σῆς 30
σπορᾶς καταλέγειν ἀρχήν, ὦ μεγαλοσθενὲς Ὧρε· ⟨⟨οὐ γὰρ
θεμιτὸν⟩⟩ [ὡς μήποτε ὕστερον εἰς ἀνθρώπους ἀθανάτων
⟨δι⟩έλθῃ γένεσις] θεῶν ⟨⟨γένεσιν ἱστορεῖν⟩⟩· πλὴν ὅτι γε ὁ
μόναρχος θεός, ὁ τῶν συμπάντων [κοσμοποιητὴς καὶ] τεχνίτης,
τῇ ⟨γῇ⟩ τὸν μέγιστόν σου πρὸς ὀλίγον ἐχαρίσατο πατέρα 35

1–2 ἀπ' ἀνθρώπων . . . ἐπέστη huc a § 59 transposui   2 χορὸς codd. : fortasse
θόρυβος | ἐπέστη Meineke : ἔπεστι FP   2–3 Fortasse ὃ γὰρ φοβηθῶσιν
οὐκ ἔχοντες, πάντα παρανομοῦσι   5 διαφθειρομένων Usener : διαφθειρομένη codd.
| σωμάτων codd. : fortasse πτωμάτων | χολοῖς P   7 μεθ' ὧν φέρω πάντων

I am dishonoured; . . . .[1] has risen up against me from mankind. Having naught to fear, they commit all manner of crimes; slaughtered by every sort of cruel device, men fall dead on my plains, O Lord, and I am soaked through and through with the juices of rotting corpses. Henceforward, Lord, since I am forced **61** to contain beings unworthy of me,[2] I wish to contain, together with all the things which I bring forth, God also. How long shall thy terrestrial world, peopled with mortals, have no God? Bestow upon Earth, if not thy very self,—that I ask not, for I could not endure to contain thee,—yet at least some holy efflux from thee.'

Thus spoke the Elements; and God filled the universe with **62** the sound of his holy voice, and said, 'Go your ways, my holy children, that are worthy of your great Father; make no attempt to violate my laws, and leave not my universe bereft of your services. Another[3] shall now come down to dwell among you, an efflux of my being, who shall keep holy watch on men's deeds. He shall be judge of the living,—a judge that none can deceive,— and a terrible king of the dead; and every man shall meet with such retribution as his deeds deserve.' Thereon the Elements **63** ceased from their entreating, and kept silence; and at their Master's bidding, each of them continued to wield the power committed to him.—

Thereupon Horus said: Tell me then, mother, how did Earth **64** attain to the happy lot of receiving the efflux of God?—And Isis answered: Mighty Horus, do not ask me to describe to you the origin of the stock whence you are sprung;[4] for it is not permitted to inquire into the birth of gods. This only I may tell you, that God who rules alone, the Fabricator of the universe, bestowed on the earth for a little time your great father Osiris

---

[1] Perhaps, 'trouble' or something of the sort.
[2] I. e. men.   [3] Viz. Osiris.
[4] I. e. to explain to you how your father and mother came into being.

---

secludendum? | φέρων P   10 σαυτοῦ F : ταυτοῦ P | γέ add. Meineke | ἱερὰν secludendum?   11–12 στοιχείων . . . μετεποίησαν hinc ad § 59 transposui   12 τὰ (ante πάντα) codd. : fortasse τῇ   15 πορεύεσθαι P 16 μεγάλου secludendum?   17 ἀργὸν codd. : fortasse ἄμοιρον | ὑμῶν scripsi : αὐτῶν FP (αὑτῶν Wachsm.)   18 καταλείπητε F : καταλίπητε Meineke | ἑτέρα codd. : fortasse ἕτερος   25 εἶχεν scripsi : εἶχον codd.   33 διέλθῃ scripsi : ἔλθῃ codd.   35 τῇ γῇ scripsi (γῇ Usener) : τὶ codd.

Ὄσιριν καὶ τὴν μεγίστην θεὰν Ἶσιν, ἵνα τῶν πάντων δεομένῳ ⟨τῷ⟩ κόσμῳ βοηθοὶ γένωνται.

65 οὗτοι, ⟨τοῦ θ⟩είου τὸν βίον [ἐ]πλήρωσαν⟨τες⟩, [οὗτοι] τὸ τῆς ἀλληλοφονίας ἔπαυσαν ἄγριον.

⟨⟨οὗτοι [παρ' Ἑρμοῦ μαθόντες ὡς τὰ κάτω συμπαθεῖν τοῖς ἄνω ὑπὸ τοῦ δημιουργοῦ διετάγη] [τὰς] πρὸς κάθετον ⟨ὁμολογούσας⟩ τοῖς ἐν οὐρανῷ μυστηρίοις ἱεροποιίας ἀνέστησαν ἐν γῇ.⟩⟩

⟨⟨οὗτοι⟩⟩ τεμένη ⟨τοῖς⟩ προγόνοις θεοῖς [[αὐτοὶ]] καὶ θυσίας καθιέρωσαν· [νόμους] οὗτοι καὶ τροφὰς θνητοῖς καὶ σκέπην ἐχαρίσαντο.

66 "οὗτοι τὰ κ υπτά", φησὶν Ἑρμῆς, "τῶν ἐμῶν ἐπιγνώσονται γραμμάτων πάντα καὶ διακρινοῦσι, καὶ τινὰ μὲν ⌜αὐτοὶ κατασχῶσιν⌝, ἃ δὲ καὶ πρὸς εὐεργεσίας θνητῶν ⌜φθάνει⌝, ⟨ἐν⟩ στήλαις καὶ ὀβελίσκοις χαράξουσιν."

67 [οὗτοι πρῶτοι δείξαντες δικαστήρια] [[εὐνομίας τὰ σύμπαντα καὶ δικαιοσύνης ἐπλήρωσαν.]]

οὗτοι, δεξιᾶς καὶ πίστεως ἀρχηγέτην [γενόμενοι καὶ] τὸν μέγιστον θεὸν Ὅρκον εἰσαγαγόντε⟨ς⟩ εἰς τὸν βίον, ⟨⟨εὐνομίας τὰ σύμπαντα καὶ δικαιοσύνης ἐπλήρωσαν.⟩⟩

οὗτοι, ⟨⟨τὸ φθόριμον τῶν σωμάτων ἐπιγνόντες,⟩⟩ τοὺς παυσαμένους τοῦ ζῆν ὡς δέον ἐστὶ[ν] [[ἐδίδαξαν]] περιστέλλειν ⟨⟨ἐδίδαξαν⟩⟩.

οὗτοι, τὸ τοῦ θανάτου ζητήσαντες αἴτιον, ἔγνωσαν ὡς τοῦ ἔξωθεν ⟨⟨εἰς τὰ τῶν ἀνθρώπων πλάσματα⟩⟩ ⟨εἰσελθόντος⟩ πνεύματος φιλυποστρόφου τυγχάνοντος [[εἰς τὰ τῶν ἀνθρώπων πλάσματα]] ⌜ἐὰν ὑστερήσῃ ποτέ, ἀνάκτησιν οὐκ ἔχουσαν ἐργάζεται λ[ε]ιποθυμίας.⌝

οὗτοι, τὸ περιέχον ὅτι δαιμόνων ἐπληρώθη παρὰ Ἑρμοῦ μαθόντες, ⟨. . . ἐν⟩ κρυπταῖς στήλαις ἐχάραξαν.

68 οὗτοι [μόνοι], τὰς κρυπτὰς νομοθεσίας τοῦ θεοῦ [παρὰ Ἑρμοῦ] μαθόντες, [τεχνῶν καὶ ἐπιστημῶν καὶ ἐπιτηδευμάτων ἁπάντων εἰσηγηταὶ] τοῖς ἀνθρώποις ἐγένοντο [καὶ] νομοθέται.

1 τῶν πάντων secludendum? | δεομένῳ Canter: δεομένων FP 3 τοῦ θείου scripsi: βίου codd. | Fortasse τὸν ⟨ἀνθρώπινον⟩ βίον | πληρώσαντες scripsi: ἐπλήρωσαν codd. 5–8 οὗτοι . . . ἐν γῇ huc a § 68 transposui 6–7 πρὸς κάθετον ὁμολογούσας scripsi: προσκαθέτους FP 9 τοῖς addidi (an secludendum προγόνοις?) | αὐτοὶ (post θεοῖς) codd.: οὗτοι Meineke | καὶ θυσίας secludendum? 10–11 οὗτοι καὶ τροφὰς . . . ἐχαρίσαντο secludendum? 13 κατάσχωσιν F: καταχώσουσιν Usener: num αὐτοὶ κατασχ⟨όντες ἐννοήσου⟩σιν? 14 φθάνει codd.: fortasse τείνει 17 ἀρχηγέτην scripsi: ἀρχηγέται codd. 18 εἰσαγαγόντες scripsi: εἰσηγάγοντο codd. 20 τὸ φθόριμον τῶν σωμάτων ἐπιγνόντες huc a § 68 transposui: sed hic quoque postea

and the great goddess Isis, that they might give the world the help it so much needed.

It was they that filled human life with that which is divine,[1] and **65** thereby put a stop to the savagery of mutual slaughter.

It was they that established upon earth rites of worship which correspond exactly to the holy Powers in heaven.

It was they that consecrated temples and instituted sacrifices to the gods that were their ancestors, and gave to mortal men the boons of food and shelter.

'They',[2] said Hermes, 'will get knowledge of all my hidden writings,[3] **66** and discern their meaning;[4] and some of those writings they will keep to themselves, but such of them as tend to the benefit of mortal men, they will inscribe on slabs and obelisks.'

It was they that introduced into men's life that mighty god, **67** the Oath-god, to be the founder of pledges and good faith; whereby they filled the world with law-abidingness and justice.

It was they that, noting how corpses decay, taught men the fitting way to swathe the bodies of those who have ceased to live.

They sought to discover the cause of death; and they found out that the life-breath,[5] which has entered from without[6] into men's bodily frames, is apt to return to the place from which it came, and . . .[7]

It was they that, having learnt from Hermes that the atmosphere had been filled with daemons,[8] inscribed . . .[9] on hidden slabs of stone.

It was they that, having learnt God's secret lawgivings, became **68** lawgivers for mankind.

---

[1] Or 'with religion'.

[2] § 66 is certainly out of place here; it may possibly have been intended to stand at the end of the speech of Hermes in § 8. In that case, 'they' would mean the men of after times who were destined to find and read the books of Hermes.

[3] Or 'all the secret lore taught in my writings'.

[4] Or perhaps, 'and will divide them into two parts'.

[5] Or 'vital spirit'.   [6] I. e. from the atmosphere.

[7] Perhaps, 'and if a man runs short of it, he swoons; ⟨but if he loses it entirely,⟩ he cannot get it back, ⟨and so he dies⟩'.

[8] Possibly altered from 'is full of daemons'.

[9] Perhaps, 'inscribed the names of the daemons' (or 'forms of words for invoking the daemons').

---

additum videtur   **23** αἴτιον scripsi: ἄγριον codd.   **25-26** Fortasse ἐὰν ⟨μὲν⟩ ὑστερήσῃ ποτὲ ⟨αὐτοῦ ὁ ἄνθρωπος, κατέχεται⟩ ⟨⟨λιποθυμίᾳ⟩⟩, ⟨ἐὰν δὲ παντάπασιν ἀποστερηθῇ,⟩ ἀνάκτησιν οὐκ ἔχων ⟨ἀποθνήσκει⟩ vel eiusmodi aliquid **26** ἔχουσαν FP: ἔχον P² | λιποθυμίας scripsi: λειποθυμίας codd.   **27** ἐπλη-ρώθη codd.: fortasse πεπλήρωται   **27-28** Fortasse ⟨τὰ ὀνόματα (vel τὰς ἐπι-κλήσεις) αὐτῶν ἐν⟩ κ. σ. ἐχάραξαν

[[οὗτοι, παρ᾽ Ἑρμοῦ μαθόντες ὡς τὰ κάτω συμπαθεῖν τοῖς ἄνω ὑπὸ τοῦ δημιουργοῦ διετάγη, τὰς προσκαθέτους τοῖς ἐν οὐρανῷ μυστηρίοις ἱεροποιίας ἀνέστησαν ἐν γῇ.]]

οὗτοι [[τὸ φθόριμον τῶν σωμάτων ἐπιγνόντες]] τὸ ⌜ἐν ἅπασι τέλειον⌝ τῶν προφητῶν ἐτεχνάσαντο, [ὡς μήποτε ὁ μέλλων θεοῖς προσάγειν χεῖρας προφήτης ἀγνοῇ τι τῶν ⟨δε⟩όντων,] ἵνα φιλοσοφία μὲν [καὶ μαγείᾳ] ⟨τὴν⟩ ψυχὴν τρέφῃ, σῴζῃ δ᾽ [[ὅταν τι πάσχῃ]] ἰατρικὴ ⟨τὸ⟩ σῶμα ⟨⟨ὅταν τι πάσχῃ⟩⟩.

69 ταῦτα πάντα ποιήσαντες, ὦ τέκνον, Ὄσιρίς τε κἀγώ, τὸν κόσμον πληρέστατον ἰδόντες ⟨ἀγαθῶν γενόμενον⟩ [[ἀπῃτούμεθα λοιπὸν]] ὑπὸ τῶν τὸν οὐρανὸν κατοικούντων, ⟨⟨ἀπῃτούμεθα λοιπὸν⟩⟩ ⟨. . .⟩. ἀλλ᾽ οὐκ ἦν ἀνελθεῖν πρὶν ⟨ὕμνῳ⟩ ἐπικαλέσασθαι τὸν μόναρχον, ἵνα δὴ ⌜καὶ τῆς θεωρίας ταύτης⌝ πλῆρες τὸ περιέχον γένηται, αὐτοί τε εὐπαράδεκτοι [εὐτυχήσωμεν] ⟨ποιησώμεθα⟩ τὴν ἀνάβασιν. [χαίρει γὰρ ὕμνοις ὁ θεός.]—

70 Ὦ τέκουσα, εἶπεν Ὧρος, κἀμοὶ χάρισαι τὴν τοῦ ὕμνου ἐπίγνωσιν [ὡς μὴ ἀμαθὴς ὑπάρχω].—Καὶ εἶπεν Ἶσις, Πρόσεχε, παῖ.

EXCERPTUM XXIV

Stobaeus 1. 49. 45, vol. i, p. 407 Wachsmuth (*Ecl.* I. 980 Heeren).

Ἐν ταὐτῷ.

1 Σὺ δέ, ὦ παῖ μεγαλόψυχε, εἴ τι θέλεις ἕτερον ἐπερώτα.— καὶ εἶπεν Ὧρος· Ὦ πολυτίμητε μῆτερ, εἰδῆσαι θέλω πῶς γίγνονται βασιλικαὶ ψυχαί.—καὶ εἶπεν Ἶσις· Ἡ γιγνομένη, τέκνον Ὧρε, περὶ τὰς βασιλικὰς ψυχὰς διαφορὰ τοιαύτη τίς ἐστιν. [ἐπεὶ γὰρ] τόποι τέσσαρές εἰσιν ἐν τῷ παντί, οἵτινες ἀπαραβάτῳ νόμῳ καὶ ⟨βασιλικῇ⟩ προστασίᾳ ὑποπίπτουσιν, ὅ τε οὐρανὸς καὶ ⟨ὁ⟩ αἰθὴρ καὶ ὁ ἀὴρ καὶ ἡ [ἱερωτάτη] γῆ. καὶ ἄνω μέν, ὦ τέκνον, ἐν οὐρανῷ θεοὶ κατοικοῦσιν, ὧν ἄρχει

1–3 οὗτοι . . . ἐν γῇ hinc ad § 65 transposui   4–5 τὸ ἐν ἅπασι τέλειον codd. : fortasse τὸ ἐν ἅπασιν ὠφέλιμον ⟨ἔθνος⟩   6 δεόντων scripsi : ὄντων codd.   13–14 καὶ τῆς θεωρίας ταύτης codd. : fortasse [καὶ] τῆς εὐφωνίας (vel εὐλογίας) [ταύτης]   14 εὐπαράδεκτοι scripsi : εὐπαράδεκτον codd. (an scribendum [εὐπαράδεκτον] εὐτυχήσωμεν τὴν ἀνάβασιν ?)
26 ἀπαραβάτῳ νόμῳ καὶ secludendum ?   27 ὁ add. Heeren

It was they that devised the . . .[1] of the prophet-priests, to the end that these might nurture men's souls with philosophy, and save their bodies by healing art when they are sick.

When we had done all this, my son, Osiris and I, perceiving **69** that the world had been filled with blessings by the gods who dwell in heaven, asked leave to return to our home above. But we were not permitted to return until we had invoked the Sole Ruler with a hymn, so that the atmosphere might be filled with . . . ,[2] and we ourselves might be well received above when we ascended. —

Mother, said Horus, grant to me that I too may learn that **70** hymn.—And Isis said, Hearken, my son.[3]

EXCERPT XXIV

In the same book.[4]

Isis. 'But if you wish to ask any further question, my **1** magnanimous son, ask on.'—'My honoured mother,' said Horus, 'I wish to know what is the origin of kingly souls.'—And Isis said, 'My son Horus, the distinction by which kingly souls are marked out is as follows. There are in the universe four regions, which are subject to law that cannot be transgressed, and to kingly presidency; namely, heaven, the aether, the air, and the earth. Above, my son, in heaven, dwell gods, over whom, as

[1] Perhaps, 'the order of the prophet-priests, which is helpful to men in all things'. Or possibly, 'the initiation' or 'the training of the prophet-priests'. (The word 'prophets' probably here means Egyptian priests.)

[2] Perhaps, 'with the music of our voices', or 'with the sound of our song of praise'.

[3] Here followed the hymn.

[4] I. e. 'This piece occurs in the same book from which *Exc.* XXIII was taken'.

μετὰ καὶ τῶν ἄλλων πάντων ὁ τῶν ὅλων δημιουργός· ἐν δὲ
τῷ αἰθέρι ἀστέρες, ὧν ἄρχει ὁ μέγας φωστὴρ ἥλιος· ἐν δὲ τῷ
ἀέρι ψυχαὶ [δὲ μόναι], ὧν ἄρχει σελήνη· ἐπὶ δὲ τῆς γῆς
ἄνθρωποι [καὶ τὰ λοιπὰ ζῷα], ὧν ἄρχει ὁ ⟨ἀεὶ⟩ [[κατὰ καιρὸν]]
βασιλεύς· γεννῶσι γὰρ ⟨⟨κατὰ καιρόν⟩⟩, ὦ τέκνον, [βασιλεῖς] 5
2 ⟨ἄνθρωπον⟩ οἱ θεοὶ ἐπάξιον τῆς ἐπιγείου ⟨ἡ⟩γ⟨εμ⟩ονίας. καὶ
εἰσιν οἱ ⟨ἄλλοι⟩ ἄρχοντες τοῦ ⟨ἐν οὐρανῷ⟩ βασιλέως ἀπόρροιαι·
ὧν ὁ μᾶλλον ἐκείνῳ πλησίον, οὗτος καὶ τῶν ἄλλων βασιλικώ-
τερος. ὁ μὲν γὰρ ἥλιος, καθὸ ἔγγιόν ἐστι τοῦ θεοῦ, τῆς
σελήνης ἐστὶ μείζων καὶ δυναμικώτερος· [ᾧ δευτερεύει ἡ 10
σελήνη καὶ κατὰ τάξιν καὶ κατὰ δύναμιν·] ⟨ἡ δὲ σελήνη ....⟩
3 καὶ ὁ [μὲν] ⟨ἐπὶ γῆς⟩ βασιλεὺς τῶν μὲν [ἄλλων θεῶν]
⟨δ᾽ ἀρχόντων⟩ ἐστὶν ἔσχατος, πρῶτος δὲ ἀνθρώπων. καὶ
μέχρις ὅτου ἐπὶ γῆς ἐστι, τῆς μὲν ἀληθοῦς θε[ι]ότητος
ἀπήλλακται, ἔχει δὲ ἐξαίρετόν τι παρ⟨ὰ τοὺς ἄλλους⟩ 15
ἀνθρώπους, ὃ ὅμοιόν ἐστι τῷ θεῷ· ἡ γὰρ εἰς αὐτὸν κατα-
πεμπομένη ψυχή [ἐξ ἐκείνου] ἐστι⟨ν ἐκ⟩ [τοῦ] χωρίου ὃ
ὑπεράνω κεῖται ἐκείνων ἀφ᾽ ὧν εἰς τοὺς ἄλλους καταπέμπονται
ἄνθρωπους.

4   καταπέμπονται δὲ ἐκεῖθεν εἰς τὸ βασιλεύειν διὰ δύο ταῦτα 20
αἱ ψυχαί, ὦ τέκνον· αἱ ⟨μὲν⟩ [γὰρ] καλῶς καὶ ἀμέμπτως
δραμοῦσαι τὸν ἴδιον ἀγῶνα, καὶ μέλλουσαι ἀποθεοῦσθαι, ἵνα
κἄν τῷ βασιλεύειν ⟨εἰς⟩ τὴν τῶν θεῶν προγυμνασθῶσιν ἐξου-
σίαν· αἱ ⟨δὲ⟩, θεῖαί τινες ἤδη οὖσαι, καὶ ἐν μικρῷ τινι
παραθεμιστεύσασαι τὸν [ἐν] θε⟨ῖ⟩ον γνώμονα, ἵνα [μὴ] κόλασιν 25
μὲν ἐν τῷ ⟨ἐν⟩σεσωματίσθαι ὑπομένωσι [δι᾽ ἀδοξίαν καὶ
φύσιν], μηθὲν ⟨δὲ⟩ ὅμοιον ταῖς ἄλλαις πάσχωσιν [ἐνσωματι-
σθεῖσαι], ἀλλ᾽ ὅπερ ⟨προ⟩εῖχον λελυμέναι, τοῦτο καὶ δεθεῖσαι
⟨προ⟩έχωσιν.

5   αἱ μέντοι περὶ τὰ ἤθη τῶν βασιλευόντων γιγνόμεναι 30
διαφοραὶ οὐκ ἐν τῇ τῆς ψυχῆς φύσει κρίνονται, πᾶσαι γὰρ
θεῖαι, ἀλλ᾽ ἐν τῇ τῶν δορυφορησάντων αὐτῆς τὴν κατάβασιν

3 δὲ μόναι F : μόναι P : δαιμόνιαι Meineke   6 ἄνθρωπον οἱ θεοὶ ἐπάξιον
scripsi : βασιλεῖς οἱ θεοὶ ἐπαξίους codd. | ἡγεμονίας scripsi (μονῆς Usener) :
γονῆς codd.   7 τοῦ ἐν οὐρανῷ βασιλέως scripsi (θεοῦ βασιλέως Usener) : τοῦ
βασιλέως codd.   8 οὗτος P : ἐκεῖνος F | καὶ ὁ τῶν ἄλλων P   10 ἐστὶ μείζων
scripsi : ἐπὶ μείζων FP² : ἐπιμείζων P¹ | δυναμικώτερον P   11 Fortasse
⟨ἡ δὲ σελήνη τοῦ κάτω ἄρχοντος⟩   14 θεότητος scripsi : θειότητος codd.
15–16 παρὰ τοὺς ἄλλους ἀνθρώπους scripsi (παρ᾽ ἀνθρώπους Meineke) : παρ᾽ ἀνθρώ-
ποις FP   21 μὲν Usener : γὰρ codd.   22 ἀγῶνα Meineke : αἰῶνα codd.
24 δὲ add. Heeren | ἐν scripsi : ἐπὶ codd. (An ἐπὶ μικρόν τι ?)

over all else likewise, rules the Maker of the universe; in the aether dwell stars, over whom rules that great luminary, the Sun; in the air dwell souls, over whom rules the Moon; and upon earth dwell men, over whom rules he who is king for the time being; for the gods, my son, cause to be born at the right time a man that is worthy to govern upon earth. The other rulers[1] **2** are effluxes of Him who is king in heaven; and among them, he who is nearer to Him is more kingly than the others. The Sun, inasmuch as he is nearer to God, is greater and mightier than the Moon; (and the Moon is mightier than the earthly king.) He who is king on earth is the last of the four rulers, **3** but the first of men. As long as he is on earth, he has no part in true deity;[2] but as compared with other men, he has in him something exceptional, which is like to God; for the soul which is sent down to dwell in him comes from a place which is situated above the places whence souls are sent down to dwell in other men.[3]

Now souls are sent down thence to reign as kings, my son, **4** for these two reasons. Souls that have well and blamelessly run their appointed race, and are about to be transmuted into gods, are sent down to earth in order that, by reigning here as kings, they may be trained to use the powers which are given to gods; and souls that are already godlike. and have in some little thing transgressed God's ordinances, are sent down to be kings on earth in order that they may undergo some punishment in being incarnated, and yet may not suffer in like measure with the rest, but in their bondage may still retain the same pre-eminence which they enjoyed while they were free.

The differences in the characters of kings are not determined **5** by the nature of their souls (for all kingly souls are godlike), but by that of the angels and daemons that have escorted the

---

[1] I. e. the Sun, the Moon, and the earthly king.
[2] I. e. he is not a god.
[3] I. e. comes from a higher stratum of the atmosphere.

---

25 θεῖον scripsi: ἔνθεον codd. | μὴ seclusit Wachsm.   26 ἐνσεσωμα-τίσθαι scripsi: σεσωματίσθαι codd.   27 δὲ add. Heeren | ταῖς ἄλλαις scripsi: τοῖς ἄλλοις codd. | πάσχωσιν Heeren: πάσχουσιν FP   28 προ-εῖχον scripsi: εἶχον codd. | λελυμένα P¹ | τοῦτο καὶ θεῖσαι P¹   29 προέχωσιν scripsi: ἔχωσιν codd.   30 τὰ ἤδη τῶν F   31 φύσει scripsi: κρίσει codd.   32 ἐν τῇ τῷ P¹ | κατάβασιν scripsi: κατάστασιν FP

ἀγγέλων καὶ δαιμόνων. αἱ γὰρ τοιαῦται καὶ ἐπὶ τοιαῦτα
κατερχόμεναι δίχα προπομπῆς καὶ δορυφορίας οὐ κατέρχονται·
οἶδε γὰρ ἡ ἄνω δίκη τὴν ἀξίαν ἑκάστῳ νέμειν, κἂν ἐκ τῆς
6 εὐημερούσης χώρας ἀπωθῶνται. ὅταν οὖν οἱ κατάγοντες
αὐτὴν ἄγγελοι καὶ δαίμονες, τέκνον Ὧρε, πολεμικοὶ ὦσι, 5
⟨τότε καὶ αὐτὴ πολεμεῖ·⟩ [τούτων ⟨γὰρ⟩ περικρατεῖ[ν] τῆς
γνώμης ἡ ψυχή [ἔχει ἢ] ἐπιλαθομένη τῶν ἑαυτῆς ἔργων,
μόνων δὲ μεμνημένη [τούτων μέχρι] τῶν ⟨ἀπὸ⟩ τῆς [ε] ἱερᾶς
συνοδίας προσγεγονότων·] ὅταν δὲ εἰρηνικοί, τότε καὶ αὐτὴ
[τὸν ἴδιον δρόμον] εἰρηνοποιεῖται· ὅταν δὲ δικαστικοί, τότε 10
καὶ αὐτὴ δικάζει· ὅταν δὲ μουσικοί, τότε καὶ αὐτὴ ᾄδει·
ὅταν δὲ φιλαλήθεις, τότε καὶ αὐτὴ φιλοσοφεῖ. ὡς γὰρ ἐξ
ἀνάγκης αἱ ψυχαὶ αὗται τῆς τῶν καταγόντων περικρατοῦσι
γνώμης· πίπτουσι γὰρ εἰς τὴν ἀνθρωπότητα τῆς μὲν ἰδίας
φύσεως ἐπιλαθόμεναι [καὶ παρόσον μακρὰν αὐτῆς ἀπέστησαν], 15
μεμνη⟨μέ⟩ναι δὲ τῆς τῶν κατακλεισάντων αὐτὰς διαθέσεως.—

7   Καλῶς, εἶπεν Ὧρος, [ἄπαντα] ⟨ταῦτά⟩ μοι ⟨ἐξήπλωσας⟩,
ὦ τεκοῦσα· πῶς δὲ εὐγενεῖς γίγνονται ψυχαί, οὐδέπω μοι
διηγήσω.—[Πῶς γίγνονται εὐγενεῖς ψυχαί.] Ὃν τρόπον ἐπὶ
γῆς, ὦ τέκνον Ὧρε, εἰσί τινες πολιτεῖαι διαφέρουσαι 20
ἀλλήλων, οὕτως καὶ ἐπὶ τῶν ψυχῶν ἐστι. καὶ αὗται γὰρ
τόπους ἔχουσιν ὅθεν ὡρμῶσι, καὶ ἡ ἀπὸ τοῦ ἐνδοξοτέρου
τόπου ὡρμηκυῖα εὐγενεστέρα ἐστὶ τῆς μὴ οὕτως ἐχούσης.
ὅνπερ γὰρ τρόπον ἐν ἀνθρώποις ὁ ἐλεύθερος εὐγενέστερος
εἶναι δοκεῖ δούλου,—τὸ γὰρ [[ἐν ταῖς ψυχαῖς]] ὑπερέχον καὶ 25
βασιλικὸν δουλοποιεῖ⟨ται⟩ τὸ ὑπερεχόμενον ἐξ ἀνάγκης,—
οὕτω δή, ὦ τέκνον, καὶ ⟨⟨ἐν ταῖς ψυχαῖς⟩⟩ ⟨ἔχει⟩.—

8   ⟨Πῶς, ὦ τεκοῦσα⟩, ἀρρενικαὶ καὶ θηλυκαὶ γίγνονται
ψυχαί;—[Πῶς ἀρρενικαὶ καὶ θηλυκαὶ γίγνονται ψυχαί.]
Αἱ ψυχαί, ὦ τέκνον Ὧρε, ὁμοφυεῖς εἰσιν ἑαυταῖς, καθάπερ 30
ἐξ ἑνὸς οὖσαι χωρίου, ἐν ᾧ αὐτὰς διετύπωσεν ὁ δημιουργός,
καὶ οὔτε εἰσὶν ἄρρενες οὔτε θήλειαι. ἡ γὰρ τοιαύτη
[διάθεσις] ⟨⟨διαφορὰ⟩⟩ ἐπὶ σωμάτων γίγνεται, καὶ οὐκ ἐπὶ

2 προπομπῆς καὶ (vel καὶ δορυφορίας) secludendum ?   3–4 An κἂν ἐκ
. . . ἀπωθῶνται transponendum, ut legatur post οὐ κατέρχονται ?   4 ἀπω-
θῶνται Wachsm.: ἀποθῶνται FP   6 περικρατεῖ scripsi : περικρατεῖν
codd.   7 ἔχει ἢ seclusi ('ἢ deleverim' Wachsm.): an scribendum
ἔχεται, deleto περικρατεῖ? | ἐπιλαθομένη F: ἐπιλαθομένους P | ἔργων
codd.: fortasse ἐνεργειῶν   8 μόνων scripsi: μᾶλλον codd. | μεμνημένη
F: μεμνημένοι P | ⟨ἀπὸ⟩ τῆς ἱερᾶς Usener: τῆς ἑτέρης codd.
2 φιλαλήθεις P: φιλαλήθης F   15 ἐπιλαθόμεναι Patrit.: ἐπιλαθόμενοι FP
| ἐπέστησαν P   16 μεμνημέναι scripsi: μέμνηται FP   17 ἐξήπλωσας

soul on its way down to earth. For souls that are of this quality,[1] and come down to earth for this purpose,[2] do not come down without escort and attendance; for the Justice that rules on high knows how to assign to each his due, even though they be exiled from the Happy Land. And so, my son Horus, when **6** the angels and daemons who bring the kingly soul down from above are warlike, then that soul wages war; when they are peaceful, then it maintains peace; when they are disposed for judicial work, then it sits in judgement; when they are given to music, then it sings; when they are truth-lovers, then it pursues philosophy. For these souls, as of necessity, cling to the temper of the angels and daemons who bring them down to earth; for when they sink into the condition of man, they forget their own nature, and bethink them only of the disposition of those who have shut them up in the body.'--

'Mother,' said Horus, 'you have full well explained these **7** things to me; but you have not yet told me what is the origin of *noble* souls.'—*Isis.* 'Just as on earth, my son, there are certain grades of social standing which differ one from another, even so it is with the souls. For the souls also have certain places whence they come; and the soul which has come from a more glorious place is nobler than one that is not thus exalted. For just as among men the free man is held to be nobler than the slave, because that which is of superior and kingly nature necessarily enslaves that which is inferior, even so it is, my son, in the case of the souls.'—

Horus. 'Tell me, mother, what is the origin of *male and female* **8** souls.'—*Isis.* 'The souls, my son Horus, are all of one nature, inasmuch as they all come from one place, that place where the Maker fashioned them;[3] and they are neither male nor female; for the difference of sex arises in bodies, and not in

---

[1] I. e. that are godlike.   [2] I. e. to reign as kings there.
[3] Viz. the atmosphere.

---

addidi (ἐδήλωσας add. Heeren)   19 Titulum Πῶς . . . ψυχαί habent FP
20 πολιτεία P   21 ἀλλήλων codd.: fortasse τῶν ἄλλων   23 ὡρμηκυῖα
scripsi: ὁρμηκυῖα codd.   24 ἐν (post τρόπον) scripsi: ἐπ' codd.   25 For-
tasse τὸ γὰρ [[   ]] ⟨τῇ φύσει⟩ ὑπερέχον   25-26 καὶ βασιλικὸν secluden-
dum ?   26 δουλοποιεῖται Usener: δουλοποιεῖ codd.   27 καὶ ἐν ταῖς
ψυχαῖς ἔχει scripsi (καὶ ⟨ταῦτ' ἔχει⟩ Heeren: καὶ ⟨ἐπὶ τῶν ψυχῶν ἐστιν⟩
Wachsm.   28 πῶς, ὦ τεκοῦσα addidi (πῶς δὲ ὦ τεκοῦσα add. Wachsm.)
29 Titulum Πῶς . . . γίγνονται ψυχαί (ψυχαί om. F) habent FP   30 ὦ
om. FP²   31 διετύπωσεν P²: διατυποῦσαι P¹: διατυποῦται F

9 ἀσωμάτων. ἡ δὲ [[διαφορὰ]] ⟨αἰτία⟩ τοῦ τὰς μὲν ⟨τῶν
ἀρρένων⟩ ⟨ὀ⟩βριμω[δεσ]τέρας εἶναι, τὰς δὲ ⟨τῶν θηλειῶν⟩
εὐαφεῖς, ⟨. . .⟩ ⌜ὁ ἀήρ ἐστι, τέκνον Ὧρε, ἐν ᾧ πάντα γίγνεται·
ἀὴρ δὲ ψυχῆς ἐστιν⌝ ⟨. . .⟩ αὐτὸ τὸ σῶμα ὃ περιβέβληται,
ὅπερ στοιχείων ἐστὶ φύραμα, γῆς καὶ ὕδατος καὶ ἀέρος καὶ 5
πυρός. ἐπεὶ οὖν τὸ μὲν τῶν θηλειῶν σύγκριμα πλεονάζει
μὲν τῷ ὑγρῷ καὶ ⟨τῷ⟩ ψυχρῷ, λείπεται δὲ τῷ ξηρῷ καὶ
⟨τῷ⟩ θερμῷ, παρὰ τοῦτο ἡ εἰς τοιοῦτον πλάσμα συγκλειομένη
ψυχὴ δίυγρος γίγνεται καὶ τρυφερά, ὥσπερ ἐπὶ τῶν ἀρρένων
τὸ ἐναντίον ἐστὶν εὑρεῖν· ἐν γὰρ τούτοις πλεονάζει μὲν τὸ 10
ξηρὸν καὶ τὸ θερμόν, λείπεται δὲ τὸ ψυχρὸν καὶ ⟨τὸ⟩ ὑγρόν,
⟨καὶ⟩ διὰ τοῦτο αἱ ἐν τοιούτοις σώμασι ψυχαὶ τραχεῖαι καὶ
ἐργατικώτεραί εἰσι.—

10 Πῶς γίγνονταί [αἱ] ψυχαὶ συνεταί, ὦ τεκοῦσα;—καὶ
ἀπεκρίθη Ἶσις· [Πῶς γίγνονται αἱ ψυχαὶ] Τὸ ὁρατικόν, 15
ὦ τέκνον, περιβέβληται χιτῶσιν. ὅταν οὗτοι οἱ χιτῶνες
πυκνοὶ ὦσι καὶ παχεῖς, ἀμβλυωπεῖ ὁ ὀφθαλμός· ἐὰν δὲ ἀραιοὶ
καὶ λεπτοί, τότε ὀξυωπέστατα βλέπει. οὕτως καὶ ἐπὶ τῆς
ψυχῆς· ἔχει γὰρ καὶ αὕτη ἴδια περιβόλαια, ἀσώματα, καθὸ
καὶ αὐτὴ ἀσώματός ἐστι. τὰ δὲ περιβόλαια ταῦτα ἀ⟨έ⟩ρος 20
⟨χιτῶνές⟩ εἰσι τοῦ ἐν ἡμῖν. ὅταν οὗτοι ὦσι λεπτοὶ καὶ
ἀραιοὶ καὶ διαυγεῖς, τότε συνετὴ ἡ ψυχή ἐστιν· ὅταν δὲ
τοὐναντίον πυκνοὶ καὶ παχεῖς καὶ τεθολωμένοι, [[τότε]] ὡς
ἐν χειμῶνι, ⟨⟨τότε⟩⟩ ἐπὶ μακρὸν οὐ βλέπει, ἀλλὰ τ⟨οσ⟩αῦτα
ὅσα παρὰ ποσὶ κεῖται.— 25

11 καὶ εἶπεν Ὧρος· Διὰ τίνα οὖν αἰτίαν, ὦ τεκοῦσα, οἱ ἔξω
τῆς ἱερωτάτης ἡμῶν χώρας ἄνθρωποι [ταῖς διανοίαις] οὐχ
οὕτως εἰσὶ συνετοὶ ὡς οἱ ἡμέτεροι;—καὶ εἶπεν Ἶσις· Ἡ γῆ
μέσον τοῦ παντὸς ὑπτία κεῖται, ὥσπερ ἄνθρωπος, ⟨πρὸς⟩

1-4 Fortasse ἡ δὲ αἰτία . . . ⟨οὐχ⟩ ὁ ἀήρ ἐστι, τέκνον Ὧρε, ἐν ᾧ [ ]
⟨οὔπω ἐνσωματωθεῖσα ᾤκει (?) ἡ ψυχή, ἀλλὰ⟩ αὐτὸ τὸ σῶμα ὃ περιβέβληται
2 ὀβριμωτέρας scripsi: βριμωδεστέρας codd.   5 στοιχείων Patrit.:
στοιχεῖον FP   10 ἐν scripsi: ἐπὶ codd.   12 Fortasse τραχύτεραι
14 γίγνεται P   15 Titulum Πῶς γίγνονται (γίγνεται P) αἱ ψυχαὶ
(deest συνεταί) habent FP   16 Fortasse ⟨καὶ⟩ ὅταν ⟨μὲν⟩   17 ἀμβλυω
πεῖ Canter: ὀξυωπεῖ FP: οὐκ ὀξυωπεῖ P²   18 καὶ βλεπτοὶ P¹ | βλέπει
Meineke: βλέπουσιν FP   19 ἔχει γὰρ ἔχει γὰρ P¹   19-20 ἀσώματα
. . . ἀσώματός ἐστι secludendum !   20-21 ἀέρος χιτῶνές scripsi: ἄρες P²:
ἄρες FP¹   21 εἰσι τοῦ ἐν ἡμῖν scripsi: εἰσὶν οἱ ἐν ἡμῖν codd. | Fortasse
⟨καὶ⟩ ὅταν ⟨μὲν⟩   23-24 Fortasse ὡς ⟨ὁ ἀὴρ⟩ ἐν χειμῶνι   24 τοσαῦτα
scripsi: ταῦτα codd.   25 παρὰ ποσὶ Patrit.: παρὰ πᾶσι FP   27-28 οὐχ
οὕτως Heeren: οὐκ ὄντως codd.   29 κεῖται P : κεῖται καὶ κεῖται F

incorporeal beings. And the reason why the souls of males 9 are more robust, and those of females delicate, ... the body itself, in which the soul is enwrapped.[1] The body is a mixture of the elements, that is, of earth, water, air, and fire; and so, since the body of the female has in its composition an excess of the fluid element and the cold element,[2] and a deficiency of the dry element and the hot element,[3] the result is that the soul which is enclosed in a bodily frame of this nature is melting [4] and voluptuous, just as in males one finds the reverse; for in males there is an excess of the dry element and the hot element, and a deficiency of the cold element and the fluid element, and hence it is that the souls in male bodies are rougher and more energetic.'—

Horus. 'Tell me, mother, what is the origin of *intelligent* 10 souls?'[5]—Isis replied, 'The organ of sight, my son, is wrapped in membranes; and when these membranes are dense and thick, the eye sees but dimly, but if they are rare and thin, it sees with the greatest keenness. And even so it is in the case of the soul. For the soul also has certain wrappings of its own, which are incorporeal, inasmuch as the soul itself is incorporeal. These wrappings are coats made of the air that is within us.[6] When these coats are thin and rare and transparent, then the soul is intelligent; but when on the other hand they are dense and thick and muddied, as the outer air is in stormy weather, then the soul cannot see far, but sees only what is close at hand.'—

And Horus said, 'Why is it then, mother, that the men who 11 dwell beyond the borders of our most holy land [7] are not so intelligent as our people are?'—'The Earth', said Isis, 'lies in the middle of the universe, stretched on her back, as a human

---

[1] Perhaps, 'the cause of the fact that the souls of males are more robust, and those of females delicate, is ⟨not⟩ the air, my son, in which ⟨the soul dwelt before it was embodied, but⟩ simply the body in which the soul is enwrapped' (that is to say, this difference in incarnate souls results, not from any difference in the air in which the souls resided before their incarnation, but from a difference in the bodies in which they are incarnated).

[2] I.e. of water and air.

[3] I.e. of earth and fire.

[4] Or 'soft'; more literally, 'diluted'.

[5] Or 'how do souls become intelligent?'

[6] Or 'layers of the air that is within us'.

[7] I.e. Egypt.

οὐρανὸν βλέπουσα. μεμέρισται δὲ καθ᾽ ὅσα μέρη ὁ ἄνθρωπος
μερίζεται· [⟨ἐμ⟩]βλέπει δ᾽ [ἐν] οὐρανῷ καθάπερ πατρὶ ἰδίῳ,
ὅπως ταῖς ἐκείνου μεταβολαῖς καὶ αὐτὴ [τὰ ἴδια] συμμετα-
βάλλῃ·] καὶ πρὸς μὲν τῷ νότῳ τοῦ παντὸς κειμένην ἔχει τὴν
κεφαλήν, πρὸς δὲ τῷ ἀπηλιώτῃ ⟨τὸν⟩ δεξιὸν ὦμον, ⟨πρὸς δὲ 5
τῷ λιβὶ τὸν εὐώνυμον,⟩ ὑπὸ ⟨δὲ⟩ ΤΗΝ ἄρκτον τοὺς πόδας, [τὸν
δὲ εὐώνυμον ὑπὸ τὴν κεφαλὴν τῆς ἄρκτου,] τοὺς δὲ μηροὺς ἐν
12 τοῖς μετὰ τὴν ἄρκτον [τὰ δὲ μέσα ἐν τοῖς μέσοις]. καὶ
τούτου σημεῖόν ἐστι τὸ τοὺς μὲν νοτιαίους τῶν ἀνθρώπων καὶ
ἐπὶ τῇ κορυφῇ ⟨τῆς γῆς⟩ οἰκοῦντας εὐκορύφους ⟨⟨εἶναι⟩⟩ καὶ 10
καλλίτριχας, τοὺς δὲ ἀπηλιωτικοὺς πρὸς μάχην προχείρους
[[εἶναι]] καὶ τοξι[α]κούς,—[αἰτία] ⟨κρείττων⟩ γὰρ τούτοις ἡ
δεξιὰ χείρ ἐστι,—τοὺς δ᾽ ἐν τῷ λιβὶ ⌈ἀσφαλεῖς⌉ εἶναι καὶ ὡς
ἐπὶ τὸ πλεῖστον ἀριστερομάχους [καὶ ⟨ἐν⟩ ὅσοις ἄλλοι τῷ
δεξιῷ μέρει ἐνεργοῦσιν, αὐτοὺς τῷ εὐωνύμῳ ⌈προστιθεμένους⌉], 15
τοὺς δὲ ὑπὸ τὴν ἄρκτον [πρός τινα] ⟨. . .⟩ τοὺς πόδας, καὶ
ἄλλως εὐκνήμους. [τοὺς] ⟨οἱ⟩ δὲ μετὰ τούτους καὶ μικρῷ
πόρρω [τὸ νῦν Ἰταλικὸν κλίμα καὶ τὸ Ἑλλαδικόν], πάντες
δὴ οὗτοι καλλίμηροί εἰσι καὶ εὐπυγ[ον]ότεροι [ὥστε τῇ τοῦ
κάλλους τῶν μερῶν τούτων ὑπερβολῇ καὶ τοὺς ἐνταῦθα 20
ἀνθρώπους καταβαίνειν πρὸς τὴν τῶν ἀρρένων ὁμιλίαν.]
13 πάντα δὲ ταῦτα τὰ μέρη ⟨τῆς γῆς⟩, πρός ⟨τινα μὲν ἐνεργὰ
ὄντα, πρὸς δὲ⟩ τὰ ἄλλα ἀργά [ὄντα], ἀργοτέρους ⟨τὴν νόησιν⟩
ἤνεγκε καὶ τοὺς ἀπ᾽ αὐτῶν ἀνθρώπους. ἐπειδὴ δὲ ἐν τῷ
μέσῳ τῆς γῆς κεῖται ἡ τῶν προγόνων ἡμῶν ἱερωτάτη χώρα, 25
τὸ δὲ μέσον τοῦ ἀνθρωπίνου σώματος [μόνης] τῆς καρδίας
ἐστὶ σηκός, τῆς δὲ ψυχῆς ὁρμητήριόν ἐστι⟨ν ἡ⟩ καρδία, παρὰ
ταύτην τὴν αἰτίαν, ὦ τέκνον, ⟨οἱ⟩ ἐνταῦθα ἄνθρωποι τὰ μὲν
ἄλλα ἔχουσιν οὐχ ἧττον ὅσα καὶ πάντες, ἐξαίρετον δὲ τῶν
πάντων νοερώτεροί εἰσι [καὶ σώφρονες], ὡς ἂν ἐπὶ καρδίας 30
⟨γῆς⟩ γενόμενοι καὶ τραφέντες.
14 ἄλλως τε, ὁ μὲν νότος, ὦ παῖ, δεκτικὸς ὢν τῶν ἐκ τοῦ
περιέχοντος συνισταμένων νεφῶν, ⟨. . .⟩. αὐτίκα γοῦν καὶ

1 μεμέρισται scripsi: μεμερισμένη FP²: μεμερισμένοι P¹ | καθ᾽ ὅσα μέρη
Wachsm.: καὶ ὅσα μέλη FP | ὁ (ante ἄνθρωπος) om. P   2 μερίζεται
scripsi: μελίζεται codd. | ἐμβλέπει δ᾽ Heeren: βλέπει δ᾽ ἐν FP
3-4 συμμεταβάλλει P   5 τὸν (ante δεξιὸν) add. Heeren   5-6 πρὸς
δὲ . . . εὐώνυμον add. Heeren   6 τὴν ἄρκτον scripsi (τῆς ἄρκτου Heeren):
τὰς ἄρκτους FP   10 καὶ καὶ F   12 τοξικούς P²: τοξιανούς FP¹:
fortasse τοξεύ⟨ειν δει⟩νούς | τούτοις scripsi: τούτων codd.   13 ἀσφα-

being might lie, facing toward heaven. She is parted out into as many different members as a man; and her head lies toward the South of the universe, her right shoulder toward the East and her left shoulder toward the West; her feet lie beneath the Great Bear,[1] and her thighs are situated in the regions which follow next to the South of the Bear. Evidence of this may be 12 seen in the fact that the men of the South, who dwell where the top of Earth's head lies, have the tops of their heads well developed, and have handsome hair; the men of the East are apt for battle, and are good bowmen, because in them the right hand is the stronger; the men of the West are . . ., and for the most part fight with the left hand; and those who live beneath the Bear have strong[2] feet, and sturdy legs as well. And those who come next after them, and dwell a little farther from the North,[3] all these have comely thighs and well-shaped buttocks. Now all these parts of the earth are active in some respects, 13 but sluggish in all else, and the men whom they produce are somewhat sluggish in intelligence. But the right holy land of our ancestors lies in the middle of the earth; and the middle of the human body is the sanctuary of the heart, and the heart is the head-quarters of the soul; and that, my son, is the reason why the men of this land, while they have in equal measure all other things that all the rest possess, have this advantage over all other men, that they are more intelligent. It could not be otherwise, seeing that they are born and bred upon Earth's heart.

And there is another reason also. The South, my son, being 14 receptive of the clouds which are formed by condensation from the atmosphere, ⟨. . .⟩. Indeed, it is said to be in consequence

---

[1] I.e. in the far North.
[2] Or possibly 'swift'.
[3] That is, in or about the latitude of Italy and Greece.

λεῖς εἶναι codd. : exspectes ἐναντίως διακειμένους   14 ἐν ὅσοις scripsi : ὅσον codd.   15 προστιθεμένους codd. : fortasse [πρός τι] ⟨χρ⟩ωμένους   16 Fortasse ⟨ταχεῖς⟩ τοὺς πύδας   17 ἄλλως Patrit. : ἄλλους codd. 18 πόρρω codd. : fortasse πορρωτέρω | κλῆμα F   19 δὴ Wachsm. : δὲ FP | εὐπυγότεροι Barth : εὐπωγονότεροι FP   20 μερῶν Canter : μηρῶν FP 22 τὰ (post ταῦτα) om. P | μέρη Heeren : μέλη FP   24 καὶ secludendum? | ἀπ' αὐτῶν scripsi (ἐπ' αὐτῶν Heeren) : ἀπ' αὐτῆς FP   25 γῆς om. P¹ | κεῖται om. P | ἡμῶν Patrit.: ἡμῖν FP   27 ἐστιν ἡ scripsi : ἐστι codd.   28 οἱ add. Heeren   30 καὶ σώφρονες seclusi (an scribendum καὶ φρονιμώτεροι ?)   31 γενόμενοι P² : γενάμενοι FP¹ 33 Lacunam signavit Meineke

διὰ τὴν οὕτως αὐτῶν γενομένων ἐκεῖ⟨σε⟩ [κ] ἀνακομιδὴν ἐκεῖθεν
ῥεῖν λέγουσιν καὶ τὸν ἡμέτερον πο⟨ταμόν⟩, λυομένης ἐκεῖ τῆς
⌈πάχνης⌉. ὅπου δ' ἂν ἐμπέσῃ νεφέλη, τὸν ὑποκείμενον
ἤχλυσεν ἀέρα, καὶ τρόπον τινὰ καπνοῦ κατέπλησε· καπνὸς
δὲ ἢ ἀχλὺς οὐ μόνον ὀμμάτων ἐστὶν ἐμπόδιον, ἀλλὰ καὶ νοῦ. 5
ὁ δὲ ἀπηλιώτης, ὦ μεγαλόδοξε Ὧρε, τῇ σύνεγγυς τοῦ ἡλίου
ἀνατολῇ θορυβούμενος καὶ ἐκθερμαινόμενος, ὁμοίως δὲ καὶ ὁ
ἀντικείμενος τούτῳ λὶψ μετέχων τῶν αὐτῶν κατὰ δυσμάς,
⟨οὐκ⟩ [οὐδεμίαν] εἰλικρινῆ ⟨τὴν⟩ [ἐπι] σύνεσιν ποιοῦσι τῶν
παρ' αὐτοῖς γεννωμένων ἀνθρώπων· ὁ δὲ βορέας τῇ συμ- 10
φύτῳ ψυχρίᾳ ἀποπήσσει μετὰ τῶν σωμάτων καὶ τὸν νοῦν
15 τῶν ὑπ' αὐτὸν ἀνθρώπων. τὸ δὲ μέσον τούτων, [εἰλικρινὲς
ὂν καὶ] ἀτάραχον ⟨ὄν⟩, καὶ ⟨αὐτὸ καθ'⟩ ἑαυτὸ προ[λ]έχει, καὶ
τοῖς ἐν αὐτῷ ⟨γεννωμένοις⟩ [πᾶσι]· τῇ γὰρ συνεχεῖ ⟨εὐ⟩η-
μερ[ιμν]ίᾳ ⟨συνετοὺς⟩ γεννᾷ. καὶ ⟨ἀλλοφύλους δὲ⟩ κοσμεῖ 15
καὶ παιδεύει· καὶ ⟨γὰρ⟩ μόνον ⟨ὅ⟩σοις ⟪ἐρίζει⟫, τοσούτους
[[ἐρίζει]] καὶ νικᾷ, καὶ [[ἐπιστάμενον τὴν ἰδίαν]] νικῇ⟨σα⟩ν,
ὥσπερ σατράπην ἀγαθὸν τοῖς νενικημένοις [καὶ] ⟪ἐπιστήμην
[ον] τὴν ἰδίαν⟫ ἐπιδίδωσι.——

17   Καὶ τοῦτό μοι, κυρία μῆτερ, ἔκθου· παρὰ ποίαν αἰτίαν ἔτι 20
ζώντων ἀνθρώπων ἐν ταῖς μακραῖς νόσοις καὶ ὁ [λόγος καὶ
αὐτὸς ὁ] λογισμὸς καὶ αὐτὴ ἡ ψυχὴ ἔσθ' ὅτε βλάπτεται ;——
καὶ ἀπεκρίθη Ἶσις· Τῶν ζώ[ντ]ων, ὦ τέκνον, τὰ μὲν ᾠκείωται
πρὸς τὸ πῦρ, τὰ δὲ πρὸς τὸ ὕδωρ, τὰ δὲ πρὸς ἀέρα, τὰ δὲ
πρὸς γῆν, τὰ δὲ πρὸς τούτων δύο ἢ τρία [τὰ δὲ καὶ πρὸς τὰ 25
ὅλα]· ⟨καὶ⟩ πάλιν αὖ τὰ μὲν ἀπηλλοτρίωται τοῦ πυρός, τὰ δὲ
τοῦ ὕδατος, τὰ δὲ τῆς γῆς, τὰ δὲ τοῦ ἀέρος, τὰ δὲ δύο τούτων,
18 τὰ δὲ τριῶν [τὰ δὲ τῶν ὅλων]. οἷον ἀκρὶς μέν, ὦ τέκνον, καὶ
πᾶσα μυῖα φεύγει τὸ πῦρ, ἀετὸς καὶ κίρκος καὶ ὅσα ὑψι-
πετ⟨έστ⟩ερά ἐστι τῶν ὀρνέων φεύγει τὸ ὕδωρ, ἰχθύες ἀέρα καὶ 30
γῆν, ὄφις τὸν ἀέρα τὸν εἰλικρινῆ ἀποστρέφεται· φιλοῦσι δὲ

1 ἐκεῖσε ἀνακομιδὴν scripsi : ἐκεῖ κατακομιδὴν codd.   2 ποταμὸν λυομένης
Meineke (ποταμὸν πολυομένης Patrit.) : πολυομένης FP   2-3 Fortasse
λυομένης ⟨εἰς ὄμβρον?⟩ ἐκεῖ τῆς συστάσεως ⟨τῶν νεφῶν⟩?   3 πάχνης F :
τέχνης P | ὑποκείμενον scripsi : ἐπικείμενον codd.   4 κατέπλησε scripsi :
κατεκόμισε codd.   4-5 κάπνος δὲ ἢ ἀχλὺς codd. : fortasse ἀχλὺς δὲ
5 ὀμμάτων edd. : ὀνομάτων FP   6 σύνεγγυς scripsi : συνεχῇ F : συνεχεῖ P
9 οὐκ scripsi : οὐδεμίαν codd. (an οὐδ' ἐκεῖνοι?) | τὴν σύνεσιν ποιοῦσι
scripsi : ἐπίστασιν ποιοῦνται codd. | τῶν (ante παρ' αὐτοῖς) om. P
10 γενομένων P   10-11 συμφύτῳ Usener : συμφώνῳ codd.   11-12 νοῦν
τὸν ὑπ' F   13 ἀτάραχον ὄν scripsi : εἰλικρινὲς ὂν καὶ ἀτάραχον codd.
αὐτὸ καθ' ἑαυτὸ scripsi (αὐτὸ Wachsm.) : ἑαυτῷ FP | προέχει Wachsm. :

of the conveyance of the clouds to the southern region when they have thus been formed, that our river[1] flows from that quarter, the . . . being there broken up.[2] Now wherever a cloud arrives, it makes the air below it misty, and fills it with smoke, so to speak; and smoke or mist is an obstruction not only to the eyes, but also to the mind. And the East, my glorious son, is troubled and overheated by the rising of the sun in close proximity to it; and likewise its opposite, the West, is affected in the same way at the sun's setting; and thus both the East and the West cause the intelligence of the men born in those regions to be wanting in clearness. And the North, with the cold that belongs to it by nature, freezes the minds as well as the bodies of the men who live beneath the northern sky. But [15] the country which lies in the middle[3] is undisturbed, and is consequently superior both in itself and in the men born in it; for in virtue of the continual serenity of its climate, it produces men of high intelligence. And it disciplines and educates men of other races also; for it is the only land that is victorious over all competitors, and having won the victory, it bestows on its defeated rivals the gift of its own knowledge, as a king might send a good satrap to govern a conquered province.'—

Horus. 'Explain to me this also, my lady mother; why is it [17] that in long[4] diseases, though the man is still alive, the reason and the soul itself is sometimes disabled?'—Isis replied, 'Among animals, my son, there are some that have an affinity to fire, some to water, some to air, some to earth, and some to two or three of these elements; and again, some of them are alien to fire, some to water, some to earth, some to air, some to two of the elements, and some to three. For instance, the locust, my [18] son, shuns fire, and so does every kind of fly; the eagle, the falcon, and all high-flying birds shun water; fishes shun air and earth; and snakes avoid pure air. And on the other hand,

---

[1] I.e. the Nile.
[2] Perhaps, 'the clouds being there (*sc.* in the South) dissolved in rain'.
[3] I.e. Egypt.   [4] Perhaps, 'great' or 'grievous'.

προλέγει FP   14-15 εὐημερίᾳ scripsi: ἀμεριμνίᾳ codd.   15 συνετοὺς addidi (an συνετωτέρους?)   16-17 ὅσοις ἐρίζει, τοσούτους καὶ νικᾷ scripsi: τοῖς τοσούτοις ἐρίζει καὶ νικᾷ codd.   17 νικήσαν scripsi: νίκην codd. 18 σατράπην ἀγαθὸν scripsi: σατράπης ἀγαθὸς codd. | ἐπιστήμην scripsi: ἐπιστάμενον FP   21-22 λόγος καὶ αὐτὸς ὁ seclusi (καὶ αὐτὸς ὁ λογισμὸς om. Heeren)   23 ζῷον Meineke: ζώντων F: ζῶν τῶν P 29-30 ὑψιπετέστερα Gaisford: ὑψιπέτερα FP

τὴν μὲν γῆν οἱ ὄφεις καὶ ὅσα ἕρπει, τὸ δὲ ὕδωρ τὰ [κι]
νη⟨κ⟩τὰ πάντα, τὸν δὲ ἀέρα τὰ πτηνά [ἐν ᾧ καὶ πολιτεύεται],
τὸ δὲ πῦρ ὅσα ὑπερπετῆ ἐστι καὶ ἐγγὺς ⟨ἡλίου ἔχει⟩ τὴν
δίαιταν. [οὐ μὴν ἀλλὰ καί τινα τῶν ⟨ἄλλων⟩ ζῴων φιλεῖ τὸ
πῦρ, οἷον αἱ σαλαμάνδραι· ἐν γὰρ τῷ πυρὶ καὶ φωλεύουσιν.] 5

19 ⟨. . .⟩ ⌜ἕκαστον γὰρ τῶν στοιχείων περιβολή ἐστι τῶν
σωμάτων.⌝ πᾶσα οὖν ψυχή, ἐν τῷ σώματι οὖσα, βαρεῖται
καὶ θλίβεται τοῖς τέτταρσι τούτοις. [καὶ γὰρ εἰκός ἐστι καὶ
ταύτην τισὶ μὲν τούτων τέρπεσθαι, τισὶ δὲ ἄχθεσθαι.] διὰ
τοῦτο οὖν οὐκ ἔχει ⟨ἐντ⟩αῦθα τὴν ἀκροτάτην εὐδαιμονίαν, 10
ἀλλ' ὡς ἂν φύσει θεία οὖσα κἂν τούτοις οὖσα ⌜μάχεται⌝·
καὶ νοεῖ, ἀλλ' οὐχ ὅσα ἂ⟨ν⟩ ἐνόησεν ἀσύνδετος οὖσα σώματι.
ἐὰν μέντοι [καὶ] τοῦτο σάλον λάβῃ καὶ ταραχὴν ἤτοι ἀπὸ
νόσου ἢ ⌜φόβου⌝, τότε καὶ αὐτὴ ὥσπερ ἐν βυθῷ ⟨πεσὼν⟩
ἄνθρωπος ἐπικυμαίνεται, καὶ οὐδὲν ⟨ἀνθ⟩ισταμένη φέρετ⟨αι⟩. 15

EXCERPTUM XXV

Stobaeus 1. 49. 68, vol. i, p. 458 Wachsmuth (*Ecl.* I. 1070
Heeren).

Ἑρμοῦ λόγος Ἴσιδος πρὸς Ὧρον.

1 Θαυμαστῶς, εἶπεν Ὧρος, ἕκαστά μοι διηγήσω, ὦ μέγα
δυναμένη τεκοῦσα Ἴσι, ὑπὲρ τῆς θαυμαστῆς ψυχοποιίας τοῦ
θεοῦ, καὶ θαυμάζων διατελῶ· οὔπω δέ μοι ἀπήγγειλας ποῦ
τῶν σωμάτων ἀπολυθεῖσαι χωροῦσιν αἱ ψυχαί. βούλομαι 20
οὖν καὶ τῆς θεωρίας ταύτης μύστης γενόμενος εὐχαριστῆσαι
2 σοὶ μόνῃ, ἀθάνατε μῆτερ.——καὶ εἶπεν Ἴσις· Πρόσεχε, παῖ·
ἀναγκαιοτάτη γὰρ ζήτησις αὕτη· ⟨⟨[μύστης] ⟨ἐγὼ⟩ δέ, [ὥσπερ]
τῆς ἀθανάτου φύσεως καὐτὴ [τυγχάνουσα] ⟨μετέχουσα⟩, καὶ

2 νηκτὰ P² : κινητὰ FP¹ | ᾧ Heeren : οἷς codd. | ἐν . . . πολιτεύεται
seclusit Meineke 3 ἡλίου ἔχει addidi : ἔχει add. post δίαιταν Heeren, post
ἐγγὺς Wachsm. 5-6 Fortasse [καὶ] φωλεύουσιν ⟨αὗται⟩ 6 Fortasse
ἑκάστου γὰρ τῶν στοιχείων ⟨ἀπηλλοτρίωται ἡ ψυχή . . .⟩ 8 Fortasse [⟨οὐ
μὴν τοῖς ὅλοις·⟩ καὶ γὰρ κ.τ.λ.] 10 ἐνταῦθα scripsi : αὑτῆς FP
11 τούτοις codd. : fortasse ἀλλοτρίοις vel ἀνοικείοις | μάχεται codd. :
fortasse ταράσσεται 12 Fortasse νοεῖ ⟨τρόπῳ τινί⟩ vel ⟨μέχρι τινός⟩
| ἂν Heeren : ἃ FP (an delendum ἃ?) | σώματι Usener : σωμάτων FP
13 τοῦτο scripsi : καὶ ταῦτα codd. | καὶ ταραχὴν secludendum? An

snakes and all creeping things love earth; all animals that swim
love water; the birds love the air; and fire is loved by all
creatures that fly high and spend their lives near the sun.[1] . . .[2]
Every soul therefore, as long as it is in the body, is weighed 19
down and oppressed by these four elements.   For this reason
then the soul does not enjoy perfect happiness here on earth,
but is perturbed, inasmuch as it is divine by nature and is
hemmed in by the elements; and it is intelligent to some extent,
but not so intelligent as it would have been if it were not bound
up [3] with the body.   But if the body is storm-tossed and perturbed
by disease or . . . , then the soul too is tossed upon the waves,
like a man that has fallen into the deep sea, and is swept along
unresisting. '

EXCERPT XXV

Written by Hermes: a discourse of Isis to Horus.

'Wondrously', said Horus, 'have you, my mighty mother Isis, 1
described to me in all details the wondrous making of souls by
God, and my wonder ceases not; but you have not yet told me
where the souls go when they·are released from their bodies.
I desire therefore to be initiated in this doctrine also, and to
give thanks for that to you alone, my immortal mother.'—And 2
Isis said, 'Give heed, my son; for this inquiry is most needful;
and I, who am myself participant in the being of the Immortals,

---

[1] E. g. by eagles.
[2] Here must have stood a sentence in which it was said that the human soul
is in like manner alien, not to one or more of the elements only, but to all the
four elements.
[3] Or perhaps, 'as it was when it was not bound up'.

---

legendum [καὶ] ταραχθὲν?   14 φόβου codd.: fortasse ἄλλου τινός
14-15 ὡσπερεὶ βυθῷ ἀνθέρικος Meineke et Wachsm.   15 ἀνθισταμένη φέρεται
scripsi: ἱσταμένον φέρει codd.
   18 ὥρου πρὸς ἴσιν P   19 ποῦ codd.: ποῖ Meineke   22 ἀθάνατος P
23-2 *infra*: μύστης . . . ὡς δὴ huc a § 4 transposui   23 ὥσπερ seclusi
(an scribendum ὡς [περ]?)

This is the end of this publication.

Any remaining blank pages are for our book binding
requirements and are blank on purpose.

To search thousands of interesting publications like this one,
please remember to visit our website at:

http://www.kessinger.net

CPSIA information can be obtained
at www.ICGtesting.com
Printed in the USA
BVHW022040080223
658012BV00012B/82